不倫手記

欲求不満妻の潮吹き性癖告白

竹書房文庫

第一章 勝気な熟女ほどご奉仕がお好き

男の肉棒を質草として密かに楽しむ質屋の熟女社長
【投稿者】金山恭子（仮名）／65歳／会社経営 10

私って下品な女…ナマの男の後は、真っ黒いバイブで
【投稿者】幸田弓子（仮名）／55歳／パート勤務 25

書生に肉体を蹂躙され、己の本性を知った名家の奥様
【投稿者】高山理恵（仮名）／48歳／専業主婦 40

心配のあまり弟の肉棒を思わず咥えてしまった淫乱姉
【投稿者】日向美菜子（仮名）／33歳／専業主婦 56

第二章

田舎の熟女ほど肉棒がお好き

山男が訪れた料理屋の母娘は肉壺での濃厚接待が売り
【投稿者】城島和正（仮名）／75歳／無職 …… 76

畑仕事の合間に大学生と3P……耕された農家妻
【投稿者】比留間香奈（仮名）／34歳／専業主婦 …… 93

温泉女将のおもてなしは、終わりなきアバンチュール
【投稿者】湯浅晴之（仮名）／36歳／製薬会社勤務 …… 109

野菜の使い方を説教するはずが、夫婦に乱交性指南を
【投稿者】上芝武人（仮名）／38歳／農家 …… 126

第三章

貞淑な人妻ほど凌辱がお好き

極限の辱めを受け、淫乱が目覚めた旧家の若奥様 144
【投稿者】輪島みのり（仮名）／36歳／専業主婦

嫁の色香に狂った義父……今宵も肉棒を突き立てる！ 159
【投稿者】羽間直治（仮名）／57歳／飲食店経営

プロフェッショナルが花咲かせてくれたマゾの性癖 177
【投稿者】森本環（仮名）／34歳／飲食店勤務

悪徳プロデューサーの猥褻非道な人妻調教術 194
【投稿者】宮田幸太郎（仮名）／49歳／映像制作会社勤務

火遊びの代償は、姑から受けるペニバン責めの嵐

【投稿者】河本みどり（仮名）／30歳／専業主婦

第一章　勝気な熟女ほどご奉仕がお好き

●四半世紀前の思い出は、彼女の体を数知れず通り過ぎていった男たちの肉棒とその匂い

男の肉棒を質草として密かに楽しむ質屋の熟女社長

【投稿者】金山恭子（仮名）／65歳／会社経営

私は若い頃から、父の遺した質屋を継ぎ、小さかった店を女手一つで切り盛りし、現在ではこの界隈でも少しは名の知れた消費者金融業を営むまでになりました。

従業員は仕事一筋の、怖いオバサンと思っているようですが、それは私だって生身の女です。若い頃には、ずいぶん遊びまわったものですし、いわゆる「女ざかり」の年代を迎える頃には、年下の男たちと熱い夜を過ごすことも珍しくありませんでした。

あるいは、そうやって夜、激しくストレスを解消することで、昼間の厄介な仕事に集中することができ、数字を残してこれたのかも知れません。

いろんな男が、私の上を（そして、下を……うふふ）通り過ぎていきました。

中でも忘れられないのは、私が40歳の頃ですから、今から25年ほど前、店にやってきた宮崎という名前の冴えない男でした。

どこかの工場で働いていたのか、あるいは店員だったたか……いずれにしても、ブ

ルーカラーだったことは間違いありません。

冴えないポロシャツを着て、落ち着かない様子で、ポケットから無造作に時計を取り出しました。

「これ、親父の形見なんだけどね」

海外のブランド品であることは間違いありませんでしたが、さほど名の知れたメーカーのものでもなく、また本体に傷も多いことから、たいした金額は提示できません。

どうしようかなあ…と悩んでいるうち、私はその男の顔に引きつけられました。異様に鼻が大きいのです。

（鼻が大きい男は、アレも大きい……）

これは、よく言われることですが、私の男性経験からしても、頷けるものがあるのです。どんな相関関係があるのかは、よくわかりませんが……。

ちょっと、イタズラしてみようかな……そんな遊び心が巻き起こったのです。

「お兄さん、名前は？」

「宮崎です。宮崎肇」

「宮崎さん、この時計ね、モノはそんなに悪くないんだけど、値段はそんなにつけられないのよ」

「そうですか……」

「あまり有名なメーカーのものじゃないし、傷も多いのね、ここと、ここと…」

「そうですね……」

「でもお金が入用なんでしょう？」

「ええ……」

「どれくらいが希望なの？」

彼が口に出した金額を融資するには、この時計が20個ぐらいは必要でした。

「わかったわ。この時計だけで、全額をご用立てすることはできないけど、ちょっと別室でご相談に乗りましょう。いまお時間大丈夫かしら？」

「ええ、まあ……」

私は店番を従業員に頼み、彼を、店の奥にある応接間へと導きいれました。

「宮崎さん、あなた、独身？」

「……はい」

「じゃ、いろいろ不自由でしょう」

「……そうですね」

「ソープランドとか行ったりするの？」

「……たまにね。そんな金ないから」

「ふうん……」

私はソファに座った彼の隣に腰掛け、その股間にさりげなく手を乗せました。

「あ、あの……」

女の手を乗せられて、その部分はすぐに反応し始めました。みるみる硬さを増していくのが分かります。

「お金貸してあげるから。言うとおりになさい……」

私は男のベルトを外し、ファスナーを下げ、トランクスの中へと手を伸ばしました。グイと握ってそれを取り出します。すると、ああ……。何と見事なのでしょう。予想通り、そこには、想像を絶するような巨大な肉棒が隠されていたのです。

ズボンや下着の戒めから解放されると、その肉棒は、大喜びでムクムクとさらに大きくなっていきます。

「凄いわね……」

私は、これが自分に突き立てられることを想像して、鳥肌が立ちました。こんなに大きくて、硬いので、ガンガンやられたら、どんなに気持ちいいかしら……。もしかしたら壊れちゃうかもしれない、でも……試してみたい……！

私は男の足元にひざまずき、どう見ても長さ20センチは超えているその肉棒に頬ずりしました。薄汚い男の臭い。なんともイヤらしく私の欲情をかき立てます。

根元をつかんで、ぱっくり口に含むと、ほんの少ししょっぱいような味が舌を刺激してきました。軽く握って、手を上下に動かしながら、先端部分を入れたり出したり。唇にカリを引っ掛けてやると、男は「あ……」と気持ちよさげなため息を漏らします。根元を持って振り回すようにして、唇にぶつけてみたり……。

いったん口の中からそれを取り出すと、今度は私は舌を使い、それを舐め回しました。先っぽの割れてるところ。カリの下。表側、裏側、根元、そしてフクロの下へ……。場所が移動するたびに、男は何度も「うう……」という呻き声を漏らし、感じていることがわかります。

ゆっくり、ゆっくり舐めながら、私は男の顔を見上げます。とっておきの、淫靡な微笑を浮かべながら……。

すると男は、感極まったように、ピクピクと震えます。かなり感じてきたようです。

でも、まだ、この程度でイカれてしまっては、つまらないから……。

私はいったん離れて、刺激をソフトに変えました。

「私に触りたい？」

男はコクリと頷きます。生唾を飲み込む音が、聞こえたように思います。

「うふふ、まだダメよ……」

「まだって……そのうち触らせてくれる？」

「どうしようかなあ……気が向いたらね、だから私の言うこと聞いて、イイ子にしてなきゃダメよ……」

私は軽く歯を立てたり、両手でかわるがわる根元を揉み上げたりしながら、次第に動きを早くしていきました。もちろん、ピチャピチャ……ピチャピチャ……と、これ以上ないほど淫らな音を立てながら……。

「あ……俺、もう……」

「いいわよ。いらっしゃい……」

「あ……」

「ふう……」

男は私の口の中で暴発しました。いったいどれくらい精液を溜めていたのか、際限なく生温かい液体が私の喉に流れ込んできて、息もできないくらい。

私はそれをゴクリ、ゴクリ……と静かに呑み込みながら、さらに男の根元をグイグイとしごき続けました、最後の一滴まで搾り出してやろう……と。

男の顔を見上げると、放心状態とでも言うしかないような、きょとんとマヌケな表情を浮かべています。

私は、口からモノを取り出して後ろへ下がり、男からいったん離れました。すっかり精液を搾り出してしまった肉棒は、だらりと垂れ下がって、元気をなくしてはいたものの、相変わらず長い。じっと見ていると、なんとなく微笑んでしまいたくなるほど、長いのです。所在無げな、象の鼻のように……。

私は面白がって、それを手に取りました。男が女の胸を触って喜ぶように、女も男の肉棒を触るのが楽しいのです。柔らかくなったり、硬くなったり、長くなったり、短くなったり、熱くなったり。変幻自在の、この不思議な物体を……。

人差し指と中指で、ピアノの鍵盤を叩くように、軽く弄んでいたら……。また、少しずつ、硬さが戻ってくるのがわかりました。

「元気なのね……」

「いえ、触り方が上手なんですよ」

「うまいことというのね。それじゃ、まるで私が淫乱みたいじゃないの」

「いえ、そ、そんな意味では……」

「いいのよ、私は、とんでもない淫乱女なのよ、この町で一番のバイタで、スベタで、ヤリマンなんだから……」

私は自分の言葉に興奮しながら、それを手でゴシゴシ擦りました。

(こんなに熱かったかしら……)

それは硬さを取り戻すと共に、またさらに大きさを増したように思えます。そして、驚いたのは「熱い」こと。発熱した幼児の額のように、それはカッカと燃えているのです。水につけたら、ジュッと一瞬で沸騰してしまうのではと思えるほど、熱い。

(こんな熱いの……中に入れてみたら、どんな感じかしら……)

ああ、入れたい。

この長くて大きくて硬くて、そして熱いモノを私の中に。

私はもどかしさを覚えながら、欲望の虜になって、男の衣服を剥ぎ取っていきました。冴えないポロシャツ。黄ばんだランニングシャツ。ベージュのくたびれたスラックス、そしてストライプのありふれたトランクスまで……。

全裸になった男の体は見事な筋肉質。といっても、昨今の、筋トレに現を抜かしている男たちの、ピクピクと筋肉が動くような人工的な肉体ではありません。日々のハードな仕事がこの体を形作っているのだ、ということが見て取れる肉体です。

「触っちゃだめよ」

私は男にきつく言ってから、その体を舐め始めました。汗の臭いが残る首筋。薄汚い毛の密生する腋の下、そしてピクピクと震え硬く勃起している乳首……。

「おいしいわ……」

こんな情熱的な舐め方をされたことがないのでしょうか、男は呆然として、しかしその肉棒は、またしっかり勃ち上がってきているのです。

私は男を四つんばいにさせ、尻に顔を突っ込みました。肛門独特の何ともいえない悪臭が私の鼻をつきます。構わずに私はそのすぼまった小さな皺だらけの穴を舌で突いてやりますと、男は「うう……」と愉悦の呻き声をもらしながらピクピクと震えます。肛門をペロペロと舐めながら、肉棒に手を伸ばし、ギュっと掴むと、それはさっき私の口の中にあった時と同じように、素晴らしく大きくなっています。

（たっぷり楽しめそうだわ……）

すっかり復活した男に、私は頼もしさを覚えながら、いったんそこから離れました。

「座りなさい」

男は四つんばいのマヌケな格好をやめて、ソファに腰を下ろしました。股間から屹立した肉棒は、青筋が立って、大きく反り返り、先端は臍の位置あたりまで達しています。

「素敵よ。そのままでいなさいね」

部屋の片隅においてあるステレオまで歩くと、私はレコードを一枚取り出してターンテーブルに載せ、低い音量で音楽をかけました。サム・ザ・マン・テイラーの、ハーレム・ノクターン。いつか連れ込んだ男が、この曲に合わせて脱いでくれと置いていったレコードです。

タバコを取り出して火をつけ、ゆっくりくゆらせながら、男の正面に腰を下ろし、一度脚を組み替えました。

「いいもの見せてあげるわ」

私は音楽に合わせて立ち上がり、腰を振りながら、まずジャケットを脱ぎ捨てました。そしてブラウスを脱ぎ……。

男が生唾をゴクリ、と飲む音が聞こえてきます。上はスリップ、そして下はスカートを履いたまま。

サム・テイラーの怪しい音色が響く中、私はカーテンを閉じ、部屋の中を薄暗くしました。とたんに淫靡な雰囲気が漂い始めます。スカートのホックをはずして、その手を離します。すると、その布は重力に従って下へスルリと落ち、私はスリップとブラジャー、パンティー、そしてストッキングだけの姿に。踊りながら脱ぐと、自分も興奮するし、相手も同じように感じるものなんですよね。肉棒の先端がピクピク震えて、そこから透明な液体が一筋、タラリと流れ落ちるのが見えます。

スリップを脱いで、ブラジャーのホックを外して……しばらく手で前を隠したまま。そして乳首を露にする……それからゆっくり、ゆっくりパンティストッキングを脱いでいくと、もう三角形の小さな布が股間を覆っているだけ。

テナーサックスの官能的な音に促されて、私はパンティをするすると脱いで丸め、放り投げました。

呆気にとられている男に近づき、私は「あおむけになって」と命じます。たっぷりと大きなサイズのソファに横たわる男、その真ん中に突き立つ巨大な肉棒。

「舐めるのよ、一生懸命」

私は男の顔の上に自分のアソコを置き、しばらく観察させてから、ゆっくりと腰を下ろしました。ざらついた男の舌が、私の花びらをとらえ、ピチャピチャと小刻みに動いています。

「ああ……いいわ、そう、もっと……」

私の指示に、素直に従い、従順な子犬のようにペロペロ舐めてくる男。かわいいものです。

私はそのまま上体を倒して、硬く勃ち上がった肉棒をもう一度口に含みました。

（熱いわ……やっぱり）

さっきよりずっと熱くなって、硬くなって、ああ、男と言うのは、何と不思議な生き物なのでしょう。ジュルジュル……と、私の陰部をのたうつ彼の舌に負けないように、私はそれを口の奥深くまで呑み込もうとします。でもあまりにも長すぎて、その半分くらいまでしか呑み込むことができません……並の男だったら、根元までも簡単に呑み込んでしまえるのに！

ああ、もう我慢できません。

私は彼の顔から降りると、股間まで移動して……そして、恐る恐る、屹立した肉棒の上へ腰を下ろしていきました。

少しずつ、奥へ、奥へ……まだまだ入る……ああ、凄いわ。

「凄いわ……」

私は思わず口に出しました。なんとか根元まで挿入することはできたものの、これで動いたら、痛くなりそう。

少しずつ腰を動かします。前へ、前へ……大丈夫だわ、後ろは？　後ろ、後ろ……あ、あ、痛い……でも……。

「いいわ、気持ちいい……」

すると、そのとき、私の指示通り動くのに我慢ができなくなったのか、男が突然、自分から腰を突き上げてきたのです。

「痛い……」

私が痛がるのにも構わず、男はガンガン突き上げてきます。もともとブルーカラーの男ですから、いったん動き出すと歯止めがかからないのでしょう。

「こわれちゃう〜……やめて、やめて……ああ……どうにかなっちゃう……」

それでも私は、乱暴に扱われることに、不思議な快感を覚えていました。欲望のままに突き上げられて、確かに体が裂けてしまいそうな痛みもありましたが、それよりも快感のほうが大きい。自分では恐ろしくて動きを制限してしまうのが、こうしてガンガンお構いなしに突かれると、未知の快感が次から次へとこみ上げてくるのです。

「スゴい……ああ、たまんないわ……」

男は、私のよがり声に興奮したのか、いったん自分も上体を起こしたかと思うと、今度はそのまま私を押し倒し、仰向けになった私に、正面からグイグイと突き始めました。

「あ、あ……」

男の上に座っていたときのような、壊れてしまうような感じはありませんが、それでも凄まじい快感です。もう、本当に、私はどうしたらいいのでしょう、何がなんだかわからなくなってしまって、口からは無意識のうちに叫び声が上がっていきます。

「ああ……！　イク……」

男は私の乳房をわしづかみにしています。痛い！　でも、ああ、気持ちいい。もっと激しく、もっと、もっと……。

「ああ……もっと……もっと……」

私の恥知らずな要求に対して、男も一層興奮したのか、さらに激しく腰を揺さぶってきます。ソファの骨組みに頭が当たって痛い。お尻が擦れる。ああ、でも、そんなこと、全然関係ありません。結合している部分の熱が、体中に広がっているようで、ただ快感に酔うことしかできないのです。

男がさらにスピードを上げました。

私の熱を持ったアソコの奥から、生温かい液体が次から次へと湧き出して来ます。

（これって……潮吹き？）

「ハア、ハア……」

うっ！

男が呻いて腰を捻り、その日二度目の精液を私の中に思い切り放出した瞬間……私も「イキ」ました。何秒間か、確実に、気を失っていたように思います。

●子供が独立した未亡人が白昼に咥え込むのは、生肉棒とイボイボ黒バイブ！

私って下品な女…ナマの男の後は、真っ黒いバイブで

【投稿者】幸田弓子（仮名）／55歳／パート勤務

「舐めてもいいですか……」

桑田君が尋ねてきました。

「できるものなら、いいわよ、やってご覧なさい……」

私はニッコリ笑って股を開きました。

「うう、いい眺めだ……」

ピンクに輝く、その割れ目の真ん中に、桑田君が頭を突っ込もうとしたその瞬間、私は太腿にぐいっと力を入れ、彼の頭をぎゅっと挟み込みました。

「イテテ……ゆ、弓子さん……」

「どう、ちょっとしたモノでしょう？」

「か、かないませんよ……さすが、ママさんバレーで鍛えてるだけのことはある」

「まだまだ序の口よ……もう少し、力を入れてみようかしら……」

はっ、と息を整えてさらに締め付けを強くします。

「い、息が、息が……」

桑田君の手足がピクピク痙攣するのを見て、私は少し脚を緩めました。彼は、その場から動くこともできず、ハアハアと胸を大きく上下させながら、必死に酸素を吸っています。それでも、股間のアレは、変わらず大きくて、上を向いているのですから、男の欲望の凄まじさを感じずにはいられません。

「凄いなあ、弓子さん……さすがに長年、ママさんバレーで鳴らしただけのことはありますね……」

「今でも鍛えてるのよ、私……だって、鍛えてると、こっちの方も、とても具合がいいのだから……」

私がそう言いながら、アソコをピクピク、小刻みに動かして見せると、桑田君は「たまんねえなあ……」と呟きながら目を白黒させています。

ところが、そんな私の油断を見透かしたのか……。もうしばらくは動けないんじゃないか、というほど苦しんでいた彼が、ひゅっ……と起き上がったかと思うと、パッと私の股間に滑り込んで、いきなりペロペロと激しく舐め出したのです。

「あン……狡いわ、桑田君……」

「うふふ、油断しちゃダメですよ。ほら、これはどうですか……？」

桑田君は高い鼻のてっぺんで私のクリトリスをグイグイと刺激しながら、長い舌を膣の中に伸ばして、そこら中をピチャピチャ……と淫らな音を立てながら舐め上げています。

「脚を締められるものなら、締めてごらんなさい」

彼が憎らしいことを言うので、私も必死に締めてみようとするのですが、しかしここまで激しい愛撫を受けては、さすがの私も凄まじい快感に負けてしまって、なかなか力を入れることができません。

「あ……ダメよ……桑田君の意地悪……」

「ふふふ……弓子さん、おいしいです、とっても……」

桑田君は、ひたすら、飽きることなく、私に顔を突っ込み、そして疲れると今度は指を突っ込んで、私をぐちゃぐちゃにかき回しています。

良く日に焼けた肌、そして精悍なマスクが素敵な彼は、30歳を過ぎたばかり。私が通っている、スポーツクラブのインストラクターをしています。

55歳の私からみれば、本当に子供のような存在なのですが、ひとたびベッドに入れば、スポーツで鍛えたその肉体で、私をたっぷりと愉しませてくれるのです。

20年前に夫を亡くして以来、再婚することもなく過ごしてきた私。夫はこのあたり一帯の地主の跡継ぎで、相続の関係でいろいろ複雑なこともあり、再婚は「できなかった」という方が正しいかもしれません。だって、この家で、のんびりと過ごしている限り、私には生活の心配も何もないわけですから……。もし再婚でもして、ここを出て行かなければならなくなったら……その恐怖の方が、私にとっては大きいのです。

夫が亡くなったとき、10歳だった一人息子は、いま東京で暮らしており、私は広い家の中で、一人暮らしを満喫しています。「寂しくないの？」と、このだだっ広い家に足を踏み入れた男達は口を揃えて私に尋ねます。そうねえ、寂しくないことはないわ。でも、のんびりできて、いいこともあるの。私はいつも、こんな風に答えます。

「ねえ、弓子さん……」

凄まじい勢いで指を出し入れしながら、桑田君は私に尋ねてきました。

「な、なあに……」

私は息も絶え絶えです。

「今度は俺も……してほしいな」

「い、いいわよ……」

私は必死の思いで彼の愛撫から逃れて、呼吸を整えると、今度は仰向けになった彼の上になって、さっきよりさらに一回り大きくなった陰茎の先端に舌をチロチロと這わせていきました。彼の目の前には、私のぐしょぐしょに濡れたアソコがパックリと広がっていることでしょう。私は、彼を誘惑するように、そこをぷるぷると震わせてみました。

すると……。

まるで、魚が疑似餌に引っかかるかのように、彼は私の尻を掴み、その真ん中に舌をねじ込んできたのです。ちゅるるる……と、何とも妖しい音がその辺りから聞こえてきます。音と同時に、快感も再び……。

私は、そこから湧き上がってくる快感に負けないように、桑田君のモノを舐め上げ、吸い、そして軽く噛み、根元をぎゅっと握ってみたり……。

「ああ、もう……」

「うふふ……イッちゃいそう？」

「弓子さん……」

「わかってるわ……入れたいんでしょう」

「ごめんね……いい？」

「いいわ、ねえ、たっぷり、ね」

最後に一回、ペロリ……とカリ下から亀頭を舐め上げると、私は布団の上に降りて、大きく股を拡げました。

すると桑田君も起き上がって、極限まで硬くなっているペニスをもどかしいように動かしながら私の股間へと進んで来ます。

「いい？」

私はニッコリと微笑んで、コクリと小さく頷きました。ずっとこの瞬間を待ちかねていた彼は、内心の焦りを隠すようにしながら、私の中へ進んできます。ぐしょぐしょに濡れているアソコは、何の抵抗を見せることもなく、すっとその硬い肉棒を受け入れて、包み込みます。

「うっ……」

たちまちの締め付けに、瞬間、表情を変える桑田君。

「ゆ、弓子さん……そんなに締められたら、もう、俺……」

「ごめんね……でも、私、意識してやってるんじゃないの。ソコが勝手に締めるのよ」

嘘じゃありません。私のココって、……もちろん、自分で締めようと思ったら、もっと締め付けることもできるんですけど、何かが中に入ってくると、自然とそれを包み込むようにして、軽く締め付けるみたいなんです。腰の力を抜いて、なるべくその締め付けを弱めようとはするのですが、それでも男の人たちは、辛いみたい。本当に、文字通り、入れた瞬間にイッちゃう人だって、一人や二人じゃなかったですから……。

そう、亡くなった主人も、そのクチでした。それでも、何度でも私に挑んで来るものだから、最後にはフラフラになっちゃって。もしかして、三十路半ばで心臓発作で亡くなってしまったのも、そんな毎晩の頑張り過ぎが原因だったかもしれないな……って、今にして思うのですけれど。

その点、桑田君は優秀な方だと思います。そんな、自然の締め付けにも何とか耐えて、体位を変えながら、何とか私を愉しませようとしてくれますから……。

「これはどう？　いい？」

彼は私を四つんばいにさせて、後ろからグイグイとねじ込んできます。うん、けっこう、気持ちいいよ、桑田君。私も、バックは好きです。ああ、素敵、そのリズム……。

「ああ、イク……」

「いいわよ、来て……」

「あ！」

ふわり、と宙に浮いたような、そんな感じがしたその直後、桑田君が私から離れて、そしてお尻の上にねっとりとした精液が降りかかってきました。

(気持ちいい……)

そう思いながら、私はもう身体を支えきれなくなって、布団の上にうつぶせになっていきました……。


朝方、仕事があるから……と、桑田君は帰っていきました。じゃ、また……と玄関から明るい声がして、ガラガラと門の閉まる音が聞こえて、足音が遠ざかって行って。

私は一人になりました。

私はまだ、たった一人で布団の中。

男がいれば、それはそれでよいのだけれど、でも、この一人で過ごす時間は、何物にも代え難い、宝石のような時間なのです。

私は、布団を被って、正座したまま上半身を前に投げ出すような格好で、じっとしています。

こうしていると、体重がいちばん敏感な部分にかかって、自然と快感がこみ上げてくるのです。じわじわ、じわじわ、気持ちがよくなってくる。この単純だけれど、極上の快感に気がついたのは、まだ小学生の頃だったと思います。私が「官能」というものに目覚めた瞬間でした。まだ女性の月の物も、男女の秘め事も、何も知らないうぶな子供でしたが、これが「いけないこと」であることだけはなんとなくわかりました。

その頃の私は、それからどうしたらいいかわからず、ただこみ上げてくる快感をそのままもどかしく追い続けていたのですが……。

それから半世紀ほどの年月を経た今の私には、思い切り気分が昂まったら、手を伸ばしてそこに触れればいいことを知っています。(嫌だ、もう、こんなに……)

夕べ、たっぷり、男に可愛がられたからかもしれません。私のそこは、もう、しっとりと湿り気を帯びて、ほんの少し触れただけでも、すぐ奥まで滑り込んでしまいそう。もしここに触れたのが私自身ではなく、たとえば桑田君だったら、もう興奮してしまって、すぐ強引な愛撫を始めてしまうことでしょう。でも、今、この布団の中にいるのは私だけ。そして、時間は、いくらでもあります。

私は決して焦ることなく、指で静かにそこに触れました。

（あ……）

柔らかい電流のような刺激が、私の背骨を走り抜けていきます。ううん、気持ちいい。やっぱり、私、一人でこうしているのが一番好きかも知れません。

指先を、ほんのちょっとだけ入れてみる。それから、出してみる。本当はそんなに音なんかしていないのでしょう。でも、私の耳には、確かに（くちゅくちゅ……）って、大変淫らな音が届いてくるのです。

あんまり気持ちがいいから、このまんま、眠ってしまうことも、しょっちゅうあります。でも、今日は、どこまでも行けそうな感じ。こうやって、一人で、誰にも邪魔されず楽しんでいると、すぐに時間が経ってしまうのです。だから、一人暮らしは、やめられない……のかもしれません。

指を奥へ、奥へと進ませていきます。男の人だと、私が少し痛かったりしても、構わずどんどん奥まで入れて、そのままぐいぐいと動かしたりされて、時には快感が台無しになってしまうこともあります。

だけど、私が、私自身の快感のために、指を動かす限り、そんな心配は全然ありません。あるのは、ただ無限の快感だけ……。

うつぶせで、足を折り畳んでアソコに触れる。これが素敵なのは、体重が体のあちこちにかかること。アソコにはもちろん、胸にも体の重みがかかって、自然に乳首が刺激されて、ジワジワと快感が強まってくる……。

「ああ、ああ……」

自然と口からは喘ぎが漏れてきます。まったく無意識の行為なのですが、でも、そんな喘ぎを自分で聞くことで、また快感が大きくなっていくんです。

「素敵……」

指が膣の中のある場所に無意識に触れ、その瞬間、凄まじい快感が体を走り抜けていきました。あ……もう、イキそう……イク……ああ、イッちゃう……。

甘い時間、そして甘い香りが、部屋に満ちていきます。そう、こんな何よりも素敵な楽しみがあるから、私はちっとも寂しくないのです。結婚していたときも、この悪い癖は止めることができず、でもなかなか一人きりの時間を作るのは難しかったので、欲求不満になることも多かったんです。一人遊びの快感は、そう、男女の秘め事とは、まったく別物と言ってもいいのではないでしょうか。

私は指を動かすのを一休みして、タンスの引き出しから玩具を取り出すと、壁際に背中を着けて座り、大きく脚を開いて、玩具のスイッチを入れました。

うぃ〜ん……と唸りを上げながら、まったく下品なデザインの、真っ黒なイボイボのついた男性器を模した玩具は動き始めました。生まれて初めてこれを目にしたとき、私は嫌悪の思いの方が強かったのです。でも、その陰に隠れている、そこからもたらされるに違いない、底なしの快感に思いを馳せたとき、私の羞恥心はその誘惑に抗うことは到底できませんでした。

それが、あの場所までもう僅か1センチ、いえ、もう何ミリか、そこまで近づくだけで胸はドキドキ、そしてもたらされるに違いない極上の快感の予感に体ぜんたいが打ち震えて……。

そして、先端が、私の一番感じるあの場所に、来る、来る……ああ、来た……！

つくづく女に生まれてよかった、幸せだったと思う瞬間です。だって、男の人だったら、ゴシゴシ摩って、ぴゅっと白い液体が迸ってしまえばそれでおしまいなのに、女だったら、まだまだこれが始まりで、そしてこの後、好きなだけ楽しめるのですから……。

「ああ……いいわぁ……」

私は自分に言い聞かせるように歓喜の呟きを漏らし、そしてその自分の淫らな言葉にまた興奮して、さらに玩具を奥へと進めていきました。1ミリ奥に進むごとに、その快感は倍増していきます。

このまま進んでいったら、どうなってしまうのか、私はもう自分に自信を持てなくなっていました。この年になって、お恥ずかしい話ですが、性の快感の追求はますます強いものになってきており、そしてそこから得られる満足感も、年齢を重ねる毎に大きくなってきているのです。

でも、……この天井を知らない快感を、この日、私はどこまでも追い求めようという気になっていたのです。だって、私にはわかっていたんです。この快感の頂上が見えたら、さらにもっと高い快感が、そこから上に待ち構えていることが……。

私は玩具が入っていたのと同じ引き出しから粘着テープを取り出すと、玩具の根元に貼り付けました。一気に玩具を奥まで押し込んで、そのままテープで素肌に固定してしまおうと考えたのです。すぐには抜こうとしても抜けない状況にした時、いったいどれほどの快感が私を貫くのか……!?

さん、にい、いち……。

奥まで押し込み、そのまま両足の付け根のあたりに粘着テープでそれを止めます。途端に押し寄せてくる、凄まじいほどの感触……一体これを何と呼べばいいのでしょう、もう決して「快感」などというレベルのものではなくなっています。

「あ、あ、あ……」

もうだめ、クネクネと中で勝手に動き回る玩具は、私を見たことも聞いたこともない恐ろしい桃源郷へと導いていきます。あんまり気持ちがよすぎて息ができない……このまんまだと本当に死んでしまうかも……。一体この玩具の電池はどれほど持つのだろう、私がこのまま死んで、誰かに発見されるまで、そのままこの動きを続けているのだろうか……。

錯乱した頭に、訳のわからない考えの断片が浮かんでは消え、そしてこれまで肌を重ねた男たちの面影が浮かび。急に雲の上まで持ち上げられたかと思うと、次の瞬間には千尋の谷の奥底へと突き落とされる、そんな不思議な感覚が繰り返されて。

「あ！」

そして、それまで経験したことのない角度に玩具が動いたその瞬間、どういう力の加減か、粘着テープがピシッと切れて、玩具が勢いよく私の中から滑り出し、そしてそれと同時に、私の意識は瞬間的に失われ、いつまでも、いつまでも、宙をさまよっているような、そんな不思議な感覚が訪れたのです。

「イ……くゥ……」

本当に、無意識の口から漏れ出たその言葉に、私は酔い、そして「あ、私……どうなっちゃうんだろう……」と思いつつ、無限に続くかのように思われた、究極の絶頂感に身を委ねていました。シーツはぐしょぐしょに濡れていて、本当なら気持ち悪さを覚えるところでしたが、でもそんな湿り気もが、とてつもなく大きな快感の一部に感じられた、そんな瞬間でした。

●そのいやらしい割れ目から、ジョロジョロと小便を垂れてみろ……と命令された私

書生に肉体を蹂躙され、己の本性を知った名家の奥様

【投稿者】高山理恵(仮名)／48歳／専業主婦

私は、江戸時代から続く、とある醸造会社の家に生まれました。醸造会社とは申しましても、現在では様々な分野の食品を総合的に手がけるメーカーになっています。創業家の一族であり、株の半分ほどを持っておりますので、子供の頃から不自由を感じたことはありません。それどころか、暮らし向きとしては、かなり上の方なのではないかと、自負しておりました。

ところが、世の中、上には上があるものでございまして……。

今から……、もう、20年以上も昔のことになりますが、このG家に嫁いで参りまして、その桁違いの富には驚かされることばかりでした。結婚前から、T市のG町(名字がそのまま町の名前になっております)に、「〇〇御殿」と呼ばれる、凄まじく広い家があるということは聞いてはおりました。

しかし、婚約が整って、初めて敷地に足を踏み入れて、本当に驚かされました。周囲

には、高い塀が張り巡らされていて、中を伺うことはできないのですが、それは大きな門をくぐり、敷地の中に入っても同じことでした。大きな木々に取り囲まれて……林というよりは「森」と呼ぶ方が適切な鬱蒼とした空間が広がるだけで、家らしきものなどまったく見えないのです。しばらく進むと、こぢんまりとした家が見えてきました。案内してくれた執事の方に「この敷地にしては小さな家ですね……」と申し上げたら、「あれは使用人の小屋です」と言われたのです。そして、そこから1分ほど歩いて見えてきた家の、立派で大きいことといったら！

それでも、不思議なことに、人間というのはどんな状況でも「慣れてしまう」動物でございます。こんな立派な家で、私が勤まるのかと、その時は思ったものでしたが、二十数年が過ぎた今となっては、それが当たり前になってしまっているのですから……。

私達夫婦は、ある意味、政略結婚のようなものでした。対外的にはおしどり夫婦と思われていますし、夫にはそれなりに愛情も、敬意も抱いておりますが、それだけでは済まないのが、男と女というものではないでしょうか。夫は、あちこちに他に女性がいるようですし、私も同じように……。

性に関しては、私……自分は早熟な方だと思っておりました。高校生の頃から、当時付き合っていたボーイフレンドと、泊まりがけで旅行に出かけたりもしていましたし……。いろいろな「テクニック」も、自分では身につけていると自負しておりました。女性には嫌がる方もたくさんいらっしゃるようですが、私は殿方のアレをしゃぶる行為など、ごく自然に最初からできていたのです。

それでも、この年になって……。

初めて、こんなにも凄まじい肉の悦びがあったのかと、目から鱗が落ちるのを感じ、そして禁断の快楽に我を忘れて耽る日々が続いているのでございます。

しかも、夫やその両親たちが暮らしている、この同じ敷地の中で……。

私の秘められた快楽の舞台となっているのは、初めてここに足を踏み入れたとき、家と間違えてしまった「使用人の小屋」。相手は……この「小屋」に一人で住んでいる書生のJです。

ここに住むのは、十年ほど前から書生と決まっています。夫が運営している奨学金を受給するもののうち、特に選ばれた者がここに住むことになっているのですが、それを選ぶのは私……。私の眼鏡にかなない、虚ろな心と体を慰めてくれるにふさわしい男を選りすぐっては住まわせ、一年か、長ければ二年、弄んでは次に交代させていくのです。

若く、性欲のはけ口に困っている書生たちは、私のいいオモチャでした。何度果てても、ひたすらがつがつと挑んで来る若者たちの精力は、私を束の間慰めてくれたのです。

ところが、現在の書生であるJは、これまでの男たちとはまったく違うタイプでした。相手が「奥様」だと分かっている学生たちは、最初のうちはどこかおどおどしているのが普通なのですが、Jは最初から違っていました。ふてぶてしいのです。

Jが小屋にやってきた日、私はその部屋を訪れ、命令しました。

「ここですべて脱ぎなさい。全裸になるのよ……」

これまでは誰もが私の指図に従い、恥ずかしげに裸体を晒していましたが、Jは違いました。

「なぜそんなことをしなくてはならないのですか?」

私の目を正面から見据えて、静かに言う若者。私は、内心、少し驚きながら、心がときめくのを覚えていましたが、そんな様子は少しも出さずに冷たく言いました。

「ここでは私の言うことを聞くものよ」

貧しい奨学生であるJは、自分の立場を思い出したのか、服を脱ぎ始めました。私の目をじっと見つめながら……。

シャツを脱ぎ、現れた上半身の筋肉の見事なことに、私は目を奪われました。これまでの書生の中で、こんなにも立派な肉体を持っている者は誰もいませんでした。

そして、下穿きまで取り去ると…黒々とした陰毛の中から、ダラリとぶら下がったピンク色の陽根の、大きなことといったら。私は軽いめまいを覚えたほどです。

(抱かれてみたい……)

今までの男達は、私に、「蹂躙してみたい」という気持ちこそ起こさせても、私が「抱かれたい」と思うことは一度もありませんでした。

そして、さらに驚いたことに……。

Jは、こちらを見て笑いながら「抱かれてみたいですか」と、言うのです。

ここで、この男にひれ伏してしまったら、いったい私の立場はどうなるのか。この県でも、一、二を争う名家であるG家の嫁としての私の立場は……。

しかし、Jの股間の巨大なものを見つめていると、そのあまりの見事さに「触れてみたい」という気持ちを抑えることは出来ませんでした。

Jは、私が動揺しているのを見透かすように「やりたいんだ……そうでしょう」と、ニヤリと笑うのです。

（男に弄ばれている……この私が……）

そう思いながらも、私は、体の奥底から湧き上がってくる、生温かい性欲を消し去ることはできませんでした。

「やりたいんだよね。女はみんなそうなんだ、わかってるよ」

彼は完全に私が降参したのを見てとり、最後にこう付け加えました。

「オバサン」

これほどの無礼な態度があるでしょうか。その気になれば、この男どころか、親類縁者すべてを路頭に迷わせることだって私にはできるのです。それがわかっていながら、こんな大胆なことを言える男なんて……。

そして、同時に、私は、こんな風に弄ばれることに、この上ない快感を覚えることに気づいていました。

「この色キ○○イ女。名家の奥様が聞いてあきれるぜ」

「やめて、お願い……」

「薄汚い雌豚め。さすがにエステだのなんだのに金を使ってるんだろう、見かけはピカピカしてるけど、首筋の皺は隠せない」

「やめて……」

でも、私は、そんな風にののしられることに悦びを覚えていたのです。

「ほら、餌をやるぜ。お前が欲しくて欲しくて仕方がないものだ」

Jは私の正面を向いて、足を少し開きました。すると、どうでしょう！

風もないのに、その巨大な突起物が、ゆらり、ゆらり……と揺れるのです。

私は、無意識のうちに、そこにひざまづいて、手に触れました。軽く握ると、ぴくり、ぴくり……とそれは脈打ち、そしてみるみるうちに硬く、さらに大きくなっていったのです。私はもう、夢中になって、それをさすって、そして、唇の間に挟んでは吸い、舐め、吸い、舐め……。

気がつくと、それはとてつもないサイズになって、上を向き、ひざまづいた私は見上げるようにしなければ、触れられないほどそそり勃っていました。

私は上半身を伸び上がらせると、その裏側の一本の筋を、下から上へとペロリ、ペロリと舐め続けたのです。

「上手いじゃないか。金持ちってのは、こんなことばかり、上手くなるんだな」

酷いこと、冷たいこと。情け容赦ない言葉を浴びせかけられると、そのたびに私は感じてしまうのでした。

「お前の体も疼いてるんだろう。どんな具合だか、見てやろうか」

ひとしきり私に舐めさせた後で、Ｊはいったん体を放して、股間の逸物を屹立させたまま、腕を組んで立ちました。

私は、容赦のない視線を体中に浴びながら……そして、自分の体の一番奥の部分がじゅるじゅると湿っていくのを感じながら、服を脱いでいきました。それでも、気圧された様子を見せないように、この大家の奥様という威厳を失わないように、胸を張って……。

「ふうん……いい体してるじゃないか、オクサマ」

「オクサマなんて……そんな嫌味な言い方」

「なんて呼んで欲しいんだ」

「名前があるのよ。理恵と呼んで」

「理恵、か。金持ちにしては、まともな名前をもってるじゃないか。理恵様、じゃあ、こっちへ来ていただきましょうか」

Jは、全裸の私をバスルームへと導きました。いったい、何をさせようというのでしょうか？

「ご立派な風呂場だね、理恵様。書生にこんな場所を使わせるのはもったいないと思わないか。俺の実家の風呂の倍はあるな」

Jは私を、バスタブの縁に乗るように促し、そこで私にしゃがむように命じました。そしてぱっくりと開いた私の股間を、その真下からジロジロと眺めるのです。

「ほほう……いやらしいマ○コをしてやがる。もうグショグショじゃないか。金持ちほど淫乱だっていうのは、どうやら本当のことらしいな」

こんな格好をしていると、すぐ膝がガクガクしてくるものです。

「ねえ……いつまでこうしていればいいの」

「いつまで？　もう疲れたのか？　だらしがないねえ、金持ちは。降りたければ降りてもいいが、その前に、一つだけやってもらおうか」

「どうすればいいの」

「ションベンしてみな」

「え？」

「わからないか。小便だ。上品な言葉でいってやろうか。オシッコしてみな」

「お……おしっこ？」

「そうだ。俺の目の前で、そのいやらしい割れ目から、ジョロジョロと小便を垂れてみろといってんだよ」

「そうすれば、……降りてもいいの」

「簡単だろ？　やってみな、オバサン……じゃなかった、理恵、様」

私は、改めて股を拡げ、一生懸命尿を出そうと務めました。でも、便所以外のところでオシッコをするなんて、なかなか出るものではありません。それも、男にじっと見られている前で……。

「どうした？　出ないのか？　そこから落ちたらケガするぞ」

「ああ……ちょっと待って」

膀胱の力を振り絞るようにして、私は必死に尿を出そうとしました。

「あっ……」

出る……。

体の底から、一筋の熱い液体が、駆け上がってきて……。

ジョロ……と、最初は元気がなかったのですが、いったん迸ると、それはジョロロロ……と、とめどもなく流れ出しました、早く終わってほしい、早く……でも、一度出始めたものは、なかなか終わろうとしません。恥ずかしい、こんなに恥ずかしい経験をしたのは生まれて初めてのことでした。Jはニヤニヤと笑いながらそれを見ています。いつも女にこんな屈辱を与えて楽しんでいるのでしょうか。それがこの男にとっての悦びなのでしょうか。このとてつもなく恥ずかしい行為が、私にとっての倒錯した悦びであるのと同じように……。

放尿の快感と、恥辱の快感が一つになって私は恍惚を味わいました。

ポタ、ポタ……と、最後の滴が落ちると、私はJが紙をくれるのを待ちました。彼はそれを与えてくれるものだとばかり思い込んでいました。でも、最後の尿の一滴が落ちてからしばらくしても、Jはニヤニヤと笑うばかりで、何も動こうとしません。

「あの……」

「何だ」

「拭いたいのですけど」

「どこを？」

「ここです」

「ちゃんと言ってみな」

「ここよ、オシッコの出る穴……」

するとJは、私につかつかと寄ってきて、私の下にしゃがむと、まだ温かく濡れているそこをペロペロと舐め始めたのです。

あ……そんな恥ずかしい……でも……ああ、気持ちよすぎる……私はあまりに凄まじい快感のため、そのバスタブの縁から転落しそうになってしまいました。

すると、その様子を見てとったJはしっかりと私の体を抑え、今度は奥の壁際に私を押しつけて、体を安定させると、さらにペロペロと股間全体を激しく舐めたのです。

オシッコの出た場所を……そして、その下の、もっと、ずっと、感じる場所を……。

さっきからずっとしゃがんでいて、膝の力がほとんどなくなっていた私は、なす術もなく、バスルームの床にヘナヘナ……と座り込んでいきました。さっき股間から迸った尿が溜まっててお尻を濡らしましたが、そんなことより、男の舌や唇の激しい動きから伝わってくる快感はあまりにも大きくて。

「ああ、ああ……！」

私はただ叫ぶことしかできません。これが究極の、男と女の愛の形というものなのでしょうか。

尻の肉をつかまれて、ぱっくりと割れたそこに男は顔を突っ込み、中に舌をねじ込んでは、ざらざらしたその表面で私の微妙な場所をぐいぐいと刺激していきます。

「もっと、もっと！」

快感というものは、一つ味わってしまうと、次はそれよりも強くないと、物足りなくなるものだということを、私はこの時初めて知ったように思います。

「あ、もう……」

男は硬く丸めた舌を、まるで生殖器のようにぐいぐいと出したり、入れたり。その激しい動きに、私は何が何だかわからなくなり、目の前で星が弾けるような、これまでにない感覚を覚えると……失神してしまったのです。

どれくらいの時間、私は気を失っていたのかわかりません。おそらく、1分もなかったでしょう。息苦しくて私は気がつきました。息ができない！　口の中に、何だか、硬くて臭いものが押し込まれているのです。それはピクピクと生き物のように動きます。Jが、自分の陽根を、気を失った私の口の中に無理矢理に押し込んで、グイグイと前後に動かしているのです。

空気は、僅かに、鼻を使って出入りするだけです。こんなことずっと続けていたら、本当に死んじゃう……私はそう思いました。しかし、Jは容赦なく、私の頭をぐいと強くつかんで前後に揺すっています。

ハア、ハア……。

だんだんJの呼吸が激しくなっていきます。私はほとんど呼吸ができず、口が痙攣するのがわかります。

「う！」

Jが呻くと、それと同時に、とてつもなく大量の精液が、私の喉の奥めがけてどぴゅ！　と流れこんできて、それと同時にJは私の口から、まだ精液が流れ続けているモノを引き抜いていきました。空気がどっと私の肺に流れ込んできて、あの精液独特の香りと共に私を満たしました。

しばらくして、ようやく息が整ってきた私に、Jは平然として言いました。

「お楽しみはこれからだよ、オクサマ……じゃなかった、理恵」

Jは、小さなシングルベッド一つだけが置かれた寝室へと、まだ精液や尿で汚れたままの私を導き、ベッドの上に私を乗せました。射精したばかりなのに、その見事な逸物はまだまだピンと上を向いていて、私の唾液にまみれて光っています。

彼は、物干し用に部屋に渡してあるロープを取ると、慣れた手つきでそれを私に巻き付け始めました。

「な、何をするの……」

「あんた、絶対こういうの好きだよ」

私は右手で右足の、左手で左足の足首をつかまされ、大きく股を開き、恥ずかしい部分がぱっくり割れた格好で縛られてしまったのです。

「いい眺めだなあ……」

Jは、しばらく私のそこをじーっと眺めていました。眺められているだけで、私は恥ずかしくて……そして感じてしまって……パックリと割れたその真ん中から、白く濁った液体がつ、つー……と滴ってきました。

行くぞ、とJは呟くと、その大きく割れたままの真ん中に、さっきから欲しくてたまらなかった陽根をグイと突き立てました。舌もいい。でも、これは……もう、応えられません。こんなに恥ずかしくて、そして、凄まじい快感があったなんて……。

男にしがみつきたい……。でも、両手足を縛られて何もできない。私は人形。その悲しい人形に、男はありったけの性欲をぶつけて、ぴちゃ、ぴちゃと性器が淫らな音を立てて。

「イク……！」

男は陽根をグイグイとこね回すようにしながら、私の中で果てました。私達はその格好のまま、ずっと動くことが出来ず、情事の余韻を味わい続けました。

●私はゴクリ、と精液を飲み干し、さらにキレイにしようとチュパチュパ……

心配のあまり弟の肉棒を思わず咥えてしまった淫乱姉

【投稿者】日向美菜子（仮名）／33歳／専業主婦

私と、三つ違いの弟、義明は、子供のころからとても仲のいい姉弟でした。目の中に入れても痛くない……というのは、わが子に使う表現ですが、私にとって義明は、生まれたときから正にそのような存在だったんです。

思春期を過ぎて、お互い、異性と付き合うようになってからも、仲のよさはかわりませんでした。義明が、私より先に、高校の同級生だった緑さんと結婚したときは、さすがに少し焦りがありましたが……。

でも、彼女と私は、とても仲のいい姉妹になれたと思っていましたし、その後、私が結婚してからは、私の夫と四人で旅行に出かけたり、とても楽しい日々を過ごしていたものです。

ところが……。

去年の夏。海水浴場で、緑さんは心臓発作に襲われ、あっという間に命を落としてしまったのです（しかも、彼女は妊娠3ヶ月でした。初めての子供に恵まれ、二人は、それは喜んでいたのですが……）。

義明の落胆振りは、それは凄まじく……。葬儀、初七日が済んだ後も、会社に行く気がしない、と、自宅に引きこもってしまったのです。

幸い、私は近所に住んでおりましたので、毎日のように様子を見に、義明の家へ出かけていきました。しばらくは食欲もないようで、げっそりとやつれ、このまま死んでしまうのではないか……と、不安にかられたこともありましたが、それでも、少しずつ食べる量は増え、元気を取り戻していきました。

会社はこの状況を理解してくれ、半年間は有給のまま休職扱いにしてくれるということでした。ただ、食欲は戻ってきたものの、気力が回復するには、まだまだ時間がかかりそうに思えました。

ある晩のこと……。

その日、私は、義明の家に寄るつもりはなかったのですが、急に夫が出張することになったので、一緒に夕食でもと思い、お惣菜を買って出かけていったのです。

「義明……」

カギを開けても、返事がありません。

いつものことなので、靴を脱ぎ、そのまま部屋の中に入っていきます。

リビングルームのあちこちに貼られた、緑さんの写真はそのまま。幸せそうな表情が、よけいに悲しみを募らせます。

義明は、ここで、テレビを見ていることも多いのですが、この日はいませんでした。

そこで、私は、寝室を覗いてみることにしました。

寝室のドアに近づくと、シャカシャカ……という小さな音が聞こえてきます。

(よかった、いるみたいね……)

しかし、近づくにつれて、その音の異様な雰囲気に、私は不安を覚えました。

「あン……あン……」

どう考えても、それは女の呻き声です。それも、セックスをしている最中の声にしか聞こえません。

「あ……いいわあ……ああ……」

女を連れ込んでる？　まさか、あんなに落ち込んでいたのに……。

それに、生身の声だとしたら、いかにも小さすぎます。

私は、そっと、義明の寝室を覗き込みました。

すると……。

哀れな弟は、薄暗い寝室の小さなテレビを一心不乱に覗き込んでいます。画面に映っているのは、紛れもなく、アダルトビデオでした。そして、下半身は剥き出しになっていて、屹立したペニスを自ら握って、シコシコ……と前後に激しく動かしている様子が見てとれます。

(オナニーしてるんだ……)

まだ30歳と若い弟。ようやく、食欲も出てきて、体も元に戻ってきた。すると、性欲も出てくるのは、自然なことなのでしょう。

でも、私は、義明の頬に、涙の跡がついているのをしっかりと目撃しました。最愛の妻を亡くしても、性欲を処理せざるを得ない、そんな哀しみの涙なのでしょう。

(何とかしてあげなきゃ)

私は、義明が不憫で不憫で、たまらなかったのです。私に出来ることなら、何でもしてやりたかった。その瞬間、私の中には、何の迷いもありませんでした。

(抱かれよう、義明に)

私は、心の底から、大好きな弟を癒してやりたい……そう思ったのです。

背後から、少しずつ、近づいていっても、画面の中のAVに夢中な弟は気がつきません。ああ、そこで男の上に馬乗りになり、悶えているAV嬢は……どことなく、緑さんの面影を宿しているではありませんか。

(かわいそうに……)

私は、さっと、彼の足元に近寄ると、無意識のうちに、その硬く大きくなったペニスを握り、そして、ちゅぱ……と、咥えていたのです。

「ね、姉さん!」

「いいのよ、ねえ、何もかも忘れて」

「そ、そんな……ああ、ダメだよ、そんな……」

「何がダメなの？　私じゃイヤ？」

「違う、違う……ああ、違うんだ、そんなことしちゃ、緑が……」

「ねえ、あなたがそんなに落ち込んでて、緑さんが喜ぶと思う？」

「え？」

「彼女は、そりゃ、かわいそうよ。でもね、あなたがそんなに落ち込んでたら、辛いのは彼女のほうなのよ」

「だって……」

「彼女だって、あなたに立ち直って欲しいと思ってるはずよ。セックスしたくて、したくて、たまらないんでしょう？」

「ああ、姉さん……」

「スッキリすればいいのよ、また会社にも行こうって気にもなるわ、きっと」

弟は、私に身を任せる覚悟ができたようです。画面の中では、相変わらず、緑さんに似たＡＶ嬢が、体をのけぞらせて喘いでいます。

（あのコも、こんな風に喘いだのかしら……？）

私は、画面の中と争うように、チュパチュパ……と下品な音を立てながら、弟のモノを吸ったり、舐めたり、し続けました。

「あ、ね、姉さん……俺、も、もう……」

「いいわよ、出して」

「口の中で？」

「そう、いいのよ……」

「ああ、た、たまんねえ……ね、姉さん……」

う！　弟の腰がぐいと動き、そして精液が私の口の中に流れ込んできました。後から、後から……。

半年近く、溜まった精液というのは、これほど量が多く、また濃厚な味がするものなのでしょうか。そのあまりにも強烈な男の臭いに、気を失ってしまいそうです。

「素敵よ、義明……」

「うう……凄いね、姉さん……義兄さんは幸せモノだね……」

「こんなコト、明彦さんにはしないわよ」

それは本当でした。新婚時代はともかく、夫婦として何年も慣れ親しんでしまった男のものをしゃぶり、シゴくなど、なかなかできにくいものです。

私はゴクリ、と精液を飲み干し、さらにキレイにしようとチュパチュパ……しゃぶり続けていると、驚いたことに。義明のソレは、すぐにムクムク……と、さっきと同じくらいか、あるいはもしかしたらさらに大きくなって、私の口の中でその存在感を主張しているのです。どれくらいの性欲が、押さえつけられていたのでしょう……。

「まだまだ、いくらでも、できそうじゃない？」

「姉さん……」

「私には、こんなことしかできないのよ。さあ……」

私は、弟の手を引いてベッドへと誘いました。程よくスプリングの利いた、寝心地のよさそうな……そして、気持ちよくエッチができそうなベッド。このベッドの上で、緑さんは、どんな風に喘いでいたのでしょう。

(私で満足してくれるかしら……)

自信はありません、でも、もう、乗りかかった男、じゃない、舟です。

義明は、もどかしいように、私の唇をこじ開け、中にざらついた舌を差し込んできました。ああ、この感触。遠い、遠い、昔に、じゃれあって、こんなことをしたような、そんな記憶が蘇ってきました。

(この匂い……なんだか、とっても懐かしいわ)

「姉さん……」

舌を絡ませながら義明が話しかけてきます。

「なんだか、懐かしいな」

「私もそう思ってたのよ、いま……」

「ふふふ……子供のころ、いつも落ち込んでると、姉さんが元気付けてくれたよね」

「こんなふうにね……」

「でもあのころの姉さんは、こんなにオッパイが大きくなかったよ」

「あんただって、チンチンなんか唐辛子よりもちっちゃかったのに」

義明は、器用にブラジャーのホックを外すと、私の胸に手をいれ、乳房をまさぐってきました。ちょっと乱暴なのは、子供のころと同じです。

(三つ子の魂百までって……ホントなのね……)

でも、それが、決して、イヤな感じじゃない。気持ちがまっすぐで、素直だから、許せる。そんな感じなのです。それに……。

(イヤだわ、上手じゃない、このコ……)

胸の扱い方など、本当にうまい。そんな風に乳首を責められたら、私、もう、ああ……イヤだ、うちのダンナよりよっぽど……。どうしよう、クセになっちゃったら。

胸だけじゃないんです。

それから、義明は、私のジーンズを脱がせて、アソコに触れてきたんですけど、その指遣いの、上手なこと！

私が一番感じるところをよくわかっていて、そして、ソコを焦らすように、少しずつ触れてくるんです。私は、そのたびに、ピクピクって、体が痙攣するほど感じてしまって、もう……。

「ああ……凄いわ……」

画面の中のAVは、いつの間にか終わっていました。部屋の中に響くのは、私の淫らな喘ぎ声だけです。義明は、一心不乱に私の中に指を差し込んでかき回し、私の喘ぎを聞いては満足そうに小さく笑うのです。

「何がおかしいの？」

「ふふふ、姉さんも女なんだな、って」

緑さんと比べてどう？　私は、何度もその言葉を言おうとして、思いとどまりました。せっかくセックスに夢中になり、元気を取り戻しかけている弟に、水を差すことはありません。その代わり、私が口にしたのは、こんな言葉でした。

「でも、義明、……あなた、凄く遊んでるみたいよ……ああ……」

「そんなことないよ、俺……緑しか知らないよ」

しまった、と、私は瞬間、思いました。緑さんのことを、思い出してしまったのではないかしら。また、落ち込んでしまうのではないかしら……。

でも、杞憂でした。走り始めた男の性欲は、ちょっとやそっとのことでは、止まったりしないものです。

たった一人しか女を知らないのに、こんなに感じさせてくれる。よほど、緑さんのベッドが、凄かったのでしょうか。

でも、おそらく、緑さんも、男は、義明しか知らなかったはず……二人、あんなに仲がよかったんだもの。

それから義明は、私の股に顔を突っ込んで、ペロペロ、ペロペロ……と、私のアソコを、気が狂ったように舐め始めました。

正直言って、私は、男の人に、こうやってアソコを舐められるの、そんなに好きじゃなかったんです。だから、夫が舐めたがっても、拒絶することが多かった。そのうち、夫のほうでも、あきらめて、私にその行為をしようとはしなくなったんです。

でも、この日、私は、弟のクンニリングスを、素直に受け止められました。すべてを開放して、すべてを受け入れる感じが、とても、気持ちいいのです。

(もしかしたら……)

緑さんが、私に乗り移っているんじゃないかしら。そんな気がしました。すると、それまでもとても気持ちよかったのに、さらに何倍も、ゾクゾク悪寒がするくらい、感じ始めていたのです。

「ああ……ああ……もっと……もっとォ……」

私は、すっかり、そこで私のアソコを吸ったり舐めたりしているのが弟だということなど忘れて、ふしだらな叫びを上げていました。そして、緑さんも、こんな風に感じていたに違いない、と、不思議な確信を得ていたのです。

私は、体をねじって、弟のモノを探そうとしました。

弟も、私のしたがっていることをわかって、私の股間に突っ込んだ頭の角度を変えて舐めながら、下半身を私の顔に近づけてきました。ムンムンとした、さっき私の口の中で弾けた男の香りが、また、私の鼻を満たそうとしています。

ピチャピチャ……ピチャピチャ……また違う角度から舐められて、私は新しい種類の興奮を覚えています。弟の舌が、私のぐっしょり濡れた谷間をすくうたびに、凄まじい快感が背筋を通り抜けていきます。私は、そのゾクゾクとする快感をそのまま弟に返したくて、また大きく、反り返ったペニスを軽く握り、ぐちゅ、と音を立てながら口の中に吸い込んでいきました。

　私が舐めると、弟が震えて、そして、同じくらいの快感が、弟の舌を通じて、もう一度私のアソコに帰ってきます。そんな快感のキャッチボールが続くうち、私たちはどんどん凄まじく乱れて……。

　私は、ごく自然に、サオを口から外し、それから何気なく、フクロを口に含んで、ぴちゃぴちゃとしゃぶり始めました。これもまた、普段から、したことのないプレイ。

「うぐ……」

　あまりの快感に耐え切れなくなったのか、義明は、私の股間から顔を離して上体をのけぞらせています。

「凄いよ、姉さん……」

　私は、弟がそんな風にのけぞるのが面白くて、フクロを舐めながら、中のタマを舌の上でコロコロと転がしてみます。

「うう、うう……たまんないよ……姉さん……」

「なあに？」

「あのさ……いい？」

いいわよ、もちろん……と言いながら、私は思わず笑ってしまいました。だって、義明の口の周りが、テカテカに光っているので……ああ、私のアソコが、あんなに濡れているんだなって……。

仰向けになって、脚を開いた私の上に、義明が体を重ねてきました。

ぐぐ……と、小さく呻きながら、自分でペニスの根元を持って、私の中に差し込んできます。もう、すっかり、グショグショに濡れているソコは、何の苦労もなく、弟のモノをスムーズに迎え入れました、奥まで……。

「ああ……！　凄いわ、義明……」

「姉さん……姉さん……」

ゆっくりした動き。奥までグイ、と突いて、そして腰を引くときに、カリが私の中を擦って。その一つ一つの動きが、私をとてつもなく淫らにさせていくのがわかります。

私が弟を抱いて、慰めてあげようと思ったのに、これじゃ、私の方が抱かれて、ただ気持ちよくされてるみたいな、そんな感じなんです。

だんだんスピードが速くなっていきます。私は、義明の動きにつられて、ベッドの上の方へ、上の方へ……。板に頭が軽く当たる。ちょっと痛い。でも、気持ちいいから、気にならない。コン、コン……ああ、もう、たまんないわ……。

　ふと、ベッドのそこを見ると……。

　ほんの僅かですけど、ちょっと擦れてるように見えます。

(これって、もしかして……)

　結婚してからずっと、この部屋で、このベッドの上で、夫婦の月日を重ねてきた義明と緑さん。この擦れ跡って、もしかしたら、彼女の頭が毎晩、毎晩、こうしてこの板のこの場所に当たってきた、その記録なんじゃないかしら?

　そんなことを考えていたら、どんどんそのまま上に押されて、私の上体は自然と浮き上がって、いつの間にか義明が仰向けになった、その上にまたがって座るような体位になっていました。

「すげえ、姉さん、いいオッパイしてるね……」

「いい眺め?」

「たまんないよ……」

「揺らしてあげようか」

　私は、義明の上で腰をグイグイ、前後に動かしました。それから、右、左。そして、中に入ってる弟のソレを、回転させるように腰をひねり……。ピチャピチャって、物凄く淫らな音がするんですけど、そんな音以上に、凄いんです。快感が……。

正直な話、私だって、エッチが嫌いなわけではありません。いいえ、どちらかといえば好き、といってもいいかもしれません。夫と結婚する前は、何人かの男の子と遊んで、同時に二人の人と付き合って、一日おきに別々のボーイフレンドとエッチしてた、そんな時期だってあったんです。

だけど、この夜の、弟との体験ほど、凄まじく感じたことはなかったと思います。だって、終わった後で、本当に、腰が抜けたようになってしまって、しばらく動くことができなかったんですから……。

騎乗位で、こんなに激しく腰を動かしたことも、過去にはなかったように思うんです。弟の突き上げが、また、凄まじくて。太腿の下をぐい、と掴まれて、持ち上げられるようにして、出したり、入れたり、もう、こんなの、凄すぎるわ……。

「ああ……凄いわ、義明……」

「姉さんだって、すげえ、クイクイ締まるよ」

「何もしてないわよ、私」

「自然に締まるのかなあ……」

ふと、乳房の下をのぞきこんでみると、ぱっくりと割れた私のアソコに、弟のペニスが根元までグイっと食い込んでいるのがよく見えて……なんだかとても恥ずかしくて、そしてその恥ずかしさが、また気持ちよさにつながって……。

「ああ、もう、凄いわ……」

それから、義明は、バックで私を責めてきました。四つんばいにさせられて、脚を軽く開かれて、そして奥までググ……って。

さっきも、子宮の奥まで突かれたと思ったのに、後ろからググ……って責められると、その密着感って、ほかの体位の比じゃないです。もしかしたら、私のアソコが、そういう形になってるのかもしれないけど、でも、イイんです。

パンパン……って、義明のお腹と、私のお尻が当たる音がして、それがまた、たまらなく刺激的なんです。

わき腹を掴まれて、そしてグイグイって奥まで突かれると、もう、手で体を支えることができなくなってしまう。ペタン、って、ベッドの上に、うつ伏せに倒れてしまうんだけど、弟は容赦なく、そんな私を責め立ててきます。後から後から、凄いピストン運動が私をシェイクするんです……。

「ああ、もう、ダメ……イッちゃうよォ……」

「姉さん、まだ、まだ……」

一度射精しているせいか、義明はとっても強くて、しかも長持ちでした。私のアソコはジンジンと熱を持ってきて、なんだかスゴいことになってしまって。

「熱いよ、姉さんの、ここ……」

「ねえ、義明、感じてる……?」

「ああ、とっても……たまんないよ、姉さん……」

義明は、もう一度、私を仰向けに倒して、正常位でハメてきました。バックの奥まで突かれる感じも悪くないけど、男の恍惚とした表情を見られる正常位もいいわ……。

だんだんスピードが速くなっていく。私の喘ぎも速くなっていく。

「ああ、ああ……義明……もうダメ、私……」

「姉さん、俺も……」

「いいわよ、中に出して……大丈夫だから」

「ああ、ありがとう……ああ、イ、イク……!」

乳房をがしっと掴まれたかと思うと、次の瞬間に「うっ」と凄まじい呻きと、痙攣と共に、義明が私の中で思い切り弾けたのです。生温かい、というよりは、熱い精液が私の子宮の奥に向かって迸っているのがわかりました。

（え、そんなに？　まだ、出るの？）

さっきの大量の精液を飲み干した私としては、まだそんなに液体が出てくるのが信じられないほど。やっぱり、しばらく溜まっていた男って、凄いのかしら？

どんなにハードにしたって、今夜は大丈夫なはずの日でした。それでも、こんなに大量の精液を生で注ぎ込まれて、もしかしたらできちゃうんじゃないかって、そんな不安すら覚えるほどの……。

義明は、そのまま私の上に倒れこみました。乳房が男の重みで押しつぶされ、それがまた、気持ちがいい。

そして、私の耳元で、こう囁いたのです。

「ありがとう。明日から、会社に行けそうな気がする……」

でも、出勤したのは、それから三日後でした。

だって、それから、朝まで、私たち、何度も何度も愛し合ってしまったから……。

第二章
田舎の熟女ほど肉棒がお好き

●珍しいんですって、私のココ。メイキとかって、言われたわ……

山男が訪れた料理屋の母娘は肉壺での濃厚接待が売り

【投稿者】城島和正(仮名)／75歳／無職

今からお話するのは、もう半世紀近くも昔の、いわば私の「武勇伝」です。

その頃、山登りに凝っていた私は、1週間ほどかけて、中部地方のある山系を縦走し、麓の町に下りてきました。時刻も、既に午後6時を回っており、メインストリートにもほとんど人気がありません。

田舎町の常として、この時間になれば、みな家に戻っているのは仕方がないとしても、それにしても店にはほとんど灯がついていませんし(コンビニエンスストアなどというものが出てきたのは、この話から10年ほど後のことです)、静けさは異常なほどです。

長い間、米と缶詰ばかり食べていた私は、「人がこしらえてくれる」「旨いもの」に飢えていました。汗と泥で、かなり薄汚い格好なのは自覚していましたが、宿に行く前に、手近な店で冷たいビールと、温かい料理を楽しみたかったのです。

どこもかしこも扉を閉ざしている中、ようやく裏通りに、ポツリと灯る赤提灯を見つけたときの、何と嬉しかったことか。

しかも、店の引き戸をガラリと開けたときに、中に美しい女性が……それも二人、ポツリとたたずんでおり、さらに嬉しかったことを覚えています。

「いらっしゃいませ……」

二人は声を揃えて言いました。一人は年恰好なら四十の半ば、デブというのではありませんが、肉付きの良い、グラマラスな美女。もう一人は、顔がよく似ていますから、娘なのでしょう、母親ほどぽっちゃりはしていませんが、やはり胸の大きな魅力的な二十そこそこの女の子。

客は誰もおらず、二人で店の片隅に置かれたテレビを眺めながら、今の今まで世間話をしていた……という感じでした。

「いいですか……？」

「どうぞ、どうぞ」

私は重いリュックサックを下ろし、カウンターの片隅に腰掛けました。

「お飲みになりますか」

「はい、ビールをください」

「よく冷えていますよ、どうぞ」

母親らしい女性が、店の隅にある大きな冷蔵庫からビールの大瓶を取り出し、磁石で取り付けてあった栓抜きでシュポ！　と抜いて、ビール会社のロゴ入りのコップにトクトクと注いでくれました。

「旨い……」

私は、小さなコップのビールを一気に飲み干しました。山の疲れが抜けていくように思えます。

「山から下りてらしたの？」

「そうなんです、一週間ぶりの娑婆で。いや本当にビールが旨いです。それにしても、この町はどうしちゃったんでしょう、今日はほとんど人気がないみたいですね」

「ああ、ご存知ないのね。今日はね、隣のJ市で七年に一度の大きなお祭りがあって、みんなそっちに出かけちゃってるんですよ」

「ああ、そうだったんですか」

母親は冷蔵庫から何か取り出して、まな板の上でトントン…と切り始めました。

「うちもね、店を開けてもほとんどお客さんお見えにならないだろうから、今日は休もうかってね、この娘と話してたんだけど」

娘が話を引き継ぎます。

「まあ、開けてても、休んでも、変わりないから。ここね、お店の奥が私たち二人の家なんですよ。開けておけば、祭に出かけない、ヘソマガリで物好きな客が迷い込んでこないとも限らない」

「あら、秀ちゃん、お客様の前でそんなこと言っちゃいけないわ」

二人の会話に、思わず笑ってしまいます。

「でも開けてよかったじゃないですか、僕みたいにヘソマガリで物好きな客が、現にこうして迷い込んできたんだから」

「ごめんなさいね、お客さん。この娘、悪気はないのよ」

「娘さんですか？」

「姉妹……って言いたいとこだけど、そうよねえ、やっぱりどう見たって母娘よね。私が二十二のとき生んだ娘で秀子って言います、二十一になったのかな」

「いやだわお母さん、娘の年ぐらい覚えておきなさいよ……」

「でも来年、あんたも私があんたを生んだ年になるのよね……」

二十二で生んだ娘が二十一、ということは女将さんの年は……そんなことを考えているると、母親が声をかけてきました。

「お客さん、ダメよ、足し算なんかしちゃ」

「すみません、してました」

「別にかまやしないわ、私ね、今年で四十三になりました」

「見えないなあ。もっと全然若く見えますよ……」

「ありがとう、はい、これサービス」

目の前に出されたのは、胡瓜の糠漬けの小鉢でした。一切れ摘んで、口へ。

「……旨い！」

「おいしいでしょう、家でとれた胡瓜を漬けたのよ」

私はもう一杯、ビールを飲み干します。

「何か召し上がりますか？　適当にお出ししましょうか」

「そうしてください。嫌いなものはありませんから」

「嬉しいわ、そういうお客さん、大好き。ねえ、宿は決まってるの？」

「いえ、これから探します」

「今日はね、J市の祭を見に行く客でどこも一杯よ。あと2、3時間して祭が終わったらゾロゾロ帰ってくるわよ」

「ああ、そうですかあ……困ったなあ」

「ねえ、宿代なんかいらないから、よかったら家に泊まっていけば？」

「いえ、そ、それは……」

「構やしないわ。どうせ今夜はほかにお客さんは来ないだろうし、それより、お風呂浴びてきたら」

「……臭いますか」

「なんかね、動くたびにシャツから土煙が上がる感じよ。サッパリしてらっしゃいよ。それからゆっくり飲めばいいわ」

「すみません、助かります」

「秀ちゃん、案内してあげて」

「はーい。どうぞ、こちらへ……」

私は家の奥へと導かれました。ちらりと見えた部屋の奥に仏壇があり、ハンサムな中年の男性の写真が飾ってあります。

「お父さん？」

「ええ。あなたと一緒で登山が趣味だったんだけど、山に遭難した人を助けに行って、雪崩に巻き込まれて…」

「そうなんだ。じゃあ、二人暮らし？」

「そうです」

ここよ、と秀子さんは風呂場を教えてくれ、私は脱衣場で服を脱ぎ、一週間ぶりに垢を流します。

ふー……とため息をつき、鼻歌を歌っていると、脱衣場の扉が開く音がします。

秀子さんが「着替え、おいときますね、お父さんのだけど」と声をかけてきました。

そのまま出て行くのかと思ったら出て行かず、何かゴソゴソしているので、どうしたんだろう……と、怪訝に思っていると、風呂場のドアがガチャリ……と開いて、全裸の秀子さんが中に入ってくるではありませんか……。

「ひ、秀子さん……」

「お背中流しますね、どうぞ外に出てくださいな」

「いえ、そ、そんな……」

「いいのよ、気にしないで」

私は促されるまま、洗い場に出て、椅子に座りました。それにしても秀子さんの裸体はあまりにも美しく、見事で……ツンと盛り上がった豊かな胸、大きなお尻と、濃い陰毛に覆われた局部、どれをとっても男を惑わす魅力充分なのですから。

生まれたままの姿でいるうら若き女性を、そのままにしておくのも申し訳ないので、私は促されるまま湯船から外に出て、木製の昔風の浴室用の椅子に腰掛けました。

「やっぱり、山男って、がっしりしてる」

最初は普通に、手ぬぐいを使っていた秀子さんでしたが、そのうち、たわわな胸を私の背中にぎゅーっ……と、押し付けてきたのです。その先端の、乳首のコリコリとした感触がなんとも卑猥で……。

「気持ちいい？」

「あ、ああ……もちろん」

「嬉しい……前も流しますね」

「え？」

秀子さんは、背中に胸をぎゅっと押し付けたまま、左手を伸ばしてきて、今度は私のセガレを手のひらに乗せました。そして、右手に手桶を持って、そこにお湯を二杯、三杯……とかけていくのです。

胸の刺激で、ただでさえ興奮しかけていたセガレは、若い娘の手のひらに乗せられたことで、グイグイと元気になっていきます。

「ねえ、山の中ではどんな暮らしなの？」

「うーん……歩いて、疲れたら休んで、テントを張って、寝て、起きて、食べて……」

「女の人が恋しくなったりしない？」

「そりゃあね、でも山じゃあんまり女のことを考えちゃいけないんだ」

「そうなの？」

「山の神様は女だからね、女のことを考えると嫉妬しちゃうんだよ」

「そうなの……じゃあ、溜まっちゃって大変でしょう」

秀子さんは、それまで、ただ手の上に乗せていただけの私のセガレを、ぐいと握り締めたかと思うと、ゴシゴシ……。

「ああ……」

あまりの心地よさに、私はすぐに射精してしまいそうになりました。何といっても、一週間というもの、何の刺激もない生活をしていて、山を降りてきたら、いきなり、コレですから……。

ところが秀子さんは、いったいどこでそんな技術を身に付けたのか、私が漏れそうになると刺激を緩め、時にはその部分に冷たい水など浴びせかけたりして、なかなか「イカセ」てくれないのです。

しばらくすると、彼女は押し付けていた胸を放して立ち上がり、浴槽に両手をついて、尻を私の目の前に突き出しました。黒々とした陰毛に覆われた、ピンク色の女陰がパックリと割れて、目の前に突き出されています。

私は、童貞ではありませんでしたが、その部分を、生で、そんなに間近に見つめたのは生まれてはじめての経験でした。神々しいとしか言いようのないその光景。私は飽きもせず見とれていましたが、彼女は私がポカンとしているのに焦れて、私の手をとり、そこへ導くのです。

「触って……」

私はそこに指を伸ばしました。浴室の湿気のせいなのか、あるいはそこ自身のもつ湿り気のせいなのか、いずれにしてもしっとりと濡れ、伸ばした指に粘り気のある液体がついて、糸を引きます。

私は本能の赴くまま、そこに指を滑り込ませました。

「ふう……」

秀子さんのため息が漏れます。

そろそろと、探りを入れるように私は指を伸ばしていきました。動かすうちに、中の湿り気はどんどん激しくなってきて、……そして驚いたことに、濡れ方が激しくなればなるほど、その内部は収縮して、私の指を締め付けてくるのです。

「あれ……？」

「うふふ……締まるでしょう、私」

「凄いね……」

「ねえ、入れてみたい？」

「ああ……」

「いいわよ、来て」

私は面食らいました。何せ、半世紀も昔の話です。浴室で、立ったまま交わるなど、当時は想像を絶するデキゴトだったのです。

「後ろから、ね」

私は戸惑いながら、彼女の尻をつかみ、そしてさっきから欲しくてたまらなかったその場所へ、セガレを導いていったのです。

「あ……」

秀子さんは、私の感触を楽しんでいるかのように見えました。セガレの周りには、細かいヒダヒダがまとわりついていて、私は初めての感覚に戸惑いました。

「ふう……」

「気持ちいい？」

「凄いいよ、なんだかよくわからない」

「珍しいんですって、私のココ。メイキとかって、言われたわ」

名器……噂に聞いたことはありましたが、ついぞお目にかかったことはありませんでした。これが名器なのか……そういわれてみると、まとわりつき、締め上げるこの感触は、私がこれまでの人生で体験した女では、味わったことのないものでした。

私は腰を激しく前後に動かそうとしました。あ、あ……という秀子さんの呻き声。

しかし、時に激しく締め付けてくるので、なかなか思い通りに動くことができないのです。

「ああ……いいわあ……素敵よ……」

思い切り甘く、淫らなその声。私はもう爆発寸前です。

「いいわよ、来て、来て、思い切り……」

秀子さんは締め付けを一瞬緩めたかと思うと、次の瞬間、それまでにない激しさでぎゅっとセガレを絞り上げます。私はたまらずに「うっ……」と呻きながら、その熱い壺の中に発射していました。

「もっと……もっと……」

秀子さんはクイクイと締め付けてきます。私はどうすることもできず、彼女と結合したまま……。

「ああ、いいわあ……」

大きくため息をついて、彼女が締め付けを緩め、私はようやくそこから離れることを許されました。

セガレを引き抜くと、裂け目の中から、後から後から精液が滴り落ちてきます。こんなにたくさん私は放出していたのでしょうか。一週間山に籠もっている間に、これだけ溜まっていたのか……そう思うと、なんだか凄くおかしくなってきました。

「お邪魔しました。ゆっくり温まってから出てきてね」


「お帰りなさい、ゆっくりだったわね？」

カウンターの中の母親は、もう自分も飲みながら、いろいろな料理を作っていました。風呂場の中の出来事を、知っていたのか、いないのか……。

「ダンナのパジャマなんだけど、それで我慢してね……あら、なんだか似てるわ。やっぱり山男だからかしら」

「山で亡くなられたそうで……」

「仕方ないわよね。いつかそんな日が来るかも知れないって、わかってはいたんだけど。まあ、いいじゃない、ゆっくり飲んで」

これまでの山の質素な食生活からは想像もできない、おいしい料理が次から次へと出てきました。もちろん一人前ですから一つ一つの量はさほど多くありませんし、今のように輸送技術が発達していませんから、野菜や山のもの、肉類が主で魚はほとんどありませんでしたが、その分、丁寧に仕上げられて、食欲をそそるのです。こんな奥さんを持っていた旦那さんは幸福だったろうな、と思いながら私は食べ、飲みました。

「お腹一杯です、ごちそうさま……お勘定してください」

「おいしかった？」

「ええ、とても」

「よかったわ。はい、じゃ、これで、営業はおしまいね」

私は彼女に言われた金額を支払い、それから「まだ飲めるでしょう」といわれ、私の床を延べた居間に移動して、今度は差し向かい。地酒を、最初のうちはお燗しては持ってきていましたが、そのうち面倒になり、冷やで。彼女も、先ほどまでとは打って変わって、浴衣姿でのんびりと過ごしています。

そして……。

「ねえ、どうだった、秀子」

「え……？」

「いいのよ、わかってるんだから。よかったでしょう？」

「は、はい……」

そういう彼女の手は、私のパジャマの股間にするりと伸びています。四十女の濃厚な色気に、私はクラクラとなっていました。まるで蚊取り線香に落ちる蚊のように……。

「やっぱり若いと元気ね……」

パジャマの中から取り出されたセガレは、その夜、二度目のお勤めにも関わらず、すぐに元気を取り戻します。

浴衣の隙間からは、彼女の豊かな胸がこぼれ、かわいらしい乳首が見えたり、隠れたり、もうたまらない眺めです。私は酔いも手伝って、もう、されるがまま……。

「舐めてあげる」

彼女は私のパジャマをすっかり脱がせてしまうと、自分も全裸になって、二人で布団の上へ。私は仰向けに寝かされ、彼女は私の下半身のほうに陣取って、ピチャピチャと舐めます。何という巧みなその舌と唇の動き。

「楽しませてね」

それから彼女は私の上に馬乗りになって、いきり勃つセガレを自分の中に招きいれ、私の腰の上でグイグイと動き出しました。時には締め付け、緩め……さっき経験した秀子さんのその部分とよく似ていますが、年の功というのでしょうか、大胆な締め付けと、体ぜんたいを使っての動きは、先ほどのピチピチした快感とはまた別の、濃厚な快感を私にもたらしてくれるのです。

これほどの刺激、本当ならすぐにイッてしまっても不思議はないのですが、さっきさんざんイカせてもらったのと、たっぷりお酒を飲んだことで、私はどうにか彼女を満足させることができたようです。

「ああ、いいわ、イク、イク……」

彼女はずっと私の上に乗ったままで、最後のグイ……という締め付けと、よがり声とで私を一緒にイカせてくれました。

「う……」

彼女が私の上にくずおれてきて、私たちは結合したまま、ずっと抱き合っていました。豊かな胸の感触がなんとも心地よい。彼女は耳元で囁きました。

「うちは名器の家系なのよ……」

●口に一本、アソコに一本「けっぺ」を咥えた私。それも、両方とも、硬くて、大きくて……

畑仕事の合間に大学生と3P……耕された農家妻

【投稿者】比留間香奈（仮名）／34歳／専業主婦

深夜……。夫が私の胸をまさぐってきます。乳首を摘まれると、それなりに感じてきますが、あまり積極的にはなれません。

私、本当は、セックスが大好きで、大声を出して感じたい方なんですけど、階下で夫の両親が眠っているかと思うと……。

聞き耳を立てるような人たちでないことはわかっているのですが、やっぱり、なんとなく気が引けて、その気になるのが難しいんです。でも……。

私があまり拒絶しないのを見て取ると、夫は図に乗って、今度は下半身へと手を伸ばしてきました。クリトリスに触れられると、やっぱり、キモチいい。

「あ……」

思わず小さな喘ぎが口から漏れます。でも、大声を出しちゃいけないのよね。ガマンしながら感じるのが、それはそれで、いいんですけど……。でも、夫が面白がってどんどん指を伸ばしてくると、本当に……感じちゃって、困るんです。

「いや……」

「濡れとるよ」

「でも、お姑さんたちが……」

「起きやせん」

「明日、ビニールハウスの草取りだよ」

「モヤモヤせんと、やることやってぐっすり寝たほうが、ちゃんと起きれる」

そう言うと夫は、私の下穿きをぐい……とずり下げて、後ろからグググ……って押し入ってきたんです。

「気が早いね」

「乱暴なの、好きだべ」

「いやよ、……あ……」

パジャマを身につけたまま、アソコだけ剥き出しにされて、後ろからグイグイ。夫がイッてしまえば、それまでの短い時間。でも、下に聞こえないように、アノ声を一生懸命ガマンしてるから、それはそれで……感じちゃうんです。こういうセックスも別にキライじゃない。

でも、時々は、思い切り声を出して、感情の赴くままに、イキまくりたい……。そんなことは、結婚した今は、年に一度か二度、できるかできないか。結婚前は、街道沿いのモーテルに行っては、そんなセックスを愉しんでいました。でも、結婚して夫婦になってしまうと、改めてモーテルに行くのも、なんだか妙な気がして。夫のことは好きですし、仲もよいので、何の文句もありませんが、そのことだけが、ちょっと引っかかるといえば、引っかかるところでしょうか。

夫がぎゅっと私の胸をつかみました。腰の動きが激しくなり、息遣いも荒くなってきます。中からグイグイと突き上げられて、私も口から小さな喘ぎが止まることなく漏れ出してきて……。

「いぐ……」

激しく一回、突き上げられて、夫が私の中で果てました。股間に生温かい液体が滴り落ちていくのがわかります。ふう……と大きくタメイキをついて、夫が私から離れました。私も満ち足りた感じを覚えて、すぐに眠気に襲われましたが、フトンにシミを作るわけにも行かないので、慌しくティッシュを取ってそのあたりを拭いました。

夏の暑い日……。

私はビニールハウスで農作業をしていました。うちは専業農家で、米のほか、野菜も手広く栽培しています。次から次へと汗が滴り落ちていき、水筒から水を飲んでは熱中症にならないように気をつけます。

いつもは家族と作業するので、ときどき話をしたりしながら気分転換できるのですが、この日、夫は用事があって町へ出かけて行ってしまい、また頼りになる舅も持病のリウマチが出て動けず……。私は子供を姑に見てもらって、一人で畑に出ることになったのです。

農作業で困るのが、便意です。さすがに大きい方は、家のトイレまで戻りますが、オシッコはそういうわけにもいきません。畑の脇に雑木林があるので、そこに入ってサッサと済ませてしまうことがほとんどです。

そうはいっても、私も女ですから、そんなにおおっぴらにするわけにもいきませんが、あいにくこういう暑い日は、水分をどんどん取るので、尿意も抑えることは難しいのです。

(そろそろ、行ぐがな)

私は、雑木林に入ってしゃがみ、後から後から流れ出していくオシッコが途切れるのを待ちました。

ところが、その日……。

あまり長い間しゃがんでいたせいか、立ち上がろうとしたところ、急に貧血になってしまい、私はその場に倒れてしまったのです。

「うーん……」

私は口に水を含ませられて気がつきました。回りはさっきまでの灼熱地獄とは違って、エアコンが効いているようです。場所は車の後部座席で、シャツで隠されているとはいえ、下半身を剥き出しにしたままであることに気づき、私は驚きました。

(そうか、オシッコしてて倒れちゃったんだ……)

車の運転席には一人の若い男が座っており、後部座席の私の隣にももう一人、同じ年頃の若い男がいます。

「あ、あの、わ、わだし……」

「気がつきましたね」

後部座席に座って、青いナイキのTシャツを着た男が、にっこりと笑いました。2人は東京の大学生で、東北一周ドライブの途中だ、と話してくれました。

「あそこの林の中で、妙な物音がすると思って……近付いてみたら、あなたが倒れていたんですよ。慌てて車の中に入ってもらいました。大丈夫ですか？」

「ええ、ありがとうございました。今日、暑くて……こういう日、ときどき立ちくらみみたいになっちゃうんです」

「熱中症かと思いました。病院にいかなくても大丈夫ですか」

「ええ、たまにこういうことあるんで……。ありがとうございました、あの、私……降りますね」

「ちょっと待ってくださいよ」

後ろの青ナイキががちゃり、と、ドアをロックしました。

「ズボンとパンツが汚れていたから、そこの湧き水で洗って、バンパーに干してあるんだ」

「あ、ありがとうございます。でも……」

今度は、運転席にいるアロハシャツを着た男が後ろを振り向いて言いました。

「お姉さんを介抱してたら……興奮しちゃってさ。きれいなピンクのマ○コがぱっくり割れてるの眺めたら……もうたまんないよ」

「乾くまで、俺たちと愉しもうぜ」

イヤ、と叫ぶ間もなく、私は後部座席の男に頭をぐいと押さえつけられて、男がジーンズの中から取り出した、もうすっかり上向きに硬くなってるちんちんを、無理やり口に含まされたのです。

「いや、いや、い…」

イヤ、と拒絶しようとしても、男の力にさからうことなどできません。私は、夫のものより一回り大きそうな、そのちんちんを、口の中に頬張ってしまったのです。

まるで鋼鉄のように硬く、熱く、オスの臭いがムンムンと漂ってくる……舐めさせられるうち、私は少しずつ興奮を覚えていったのです。

「手でやってみて」

私が何が何でも拒絶することはない、と見て取った男は、今度は手で刺激するよう指示して来ました。

「こっちの言葉で、チ○ポのこと、何ていうの」

「けっぺ、だね」

私が答えると、男は面白そうに
「けっぺか。けっぺコキだ」

と、息を荒げながら話します。

私は、いつか夫に見せられたＡＶの女のように、男のモノに唾を垂らし、滑りをよくしながら、男のモノをゴシゴシ……とシゴいていきました。

「あ、……イッちゃうよ、お姉さん……ああ……」

グイ、と、一回大きく擦ると、男の呻きと共に、精液が勢いよく飛び出してきて、私の顔にかかりました。精液独特の、あの栗の花のような香りが、車の中いっぱいに充満します。

青ナイキの男は、私にウエットティッシュを手渡してくれ、自分でも精液を放出したばかりのちんちんを拭っていますが、驚いたことに、それは射精しても、まだ硬いままで、十分モノの役に立ちそうな雰囲気なのです。夫は、射精すると、すぐグニャリと元気なくなってしまう。

（やっぱり、若い人って、凄いかも……）

「じゃあ、今度は、お姉さんの番だ」

青ナイキがいったん、助手席のほうに移ると、今度はアロハが後ろにやってきて、シートを倒して、私のアソコをベチョベチョと舐め始めました。ワンボックスの車なので、後部座席のシートを倒すと、ほとんどベッドみたいな空間ができあがってしまうのです。

すぐインサートしちゃう最近の夫婦生活で、こんなことをしてもらった経験のない私は、ビックリすると共に、底なしの快感を覚え始めました。

「あれ、あれ……いいねえ……」

「ノッてきたね、お姉さん」

男は、指でぐいぐい私を責めてきます。中で小刻みに指を動かされると、そのテクニック満点の刺激に、体も凄く敏感に反応してしまって……。じっくり責められるうちに、今まで感じたことのない妙な感覚が私の中に生まれました。あれ、何だろう、もうガマンできない……。

「うわ、すげえ！」

アロハ男が驚いて声を上げています。私のアソコから、どんどん液体が飛び出していくのがわかります。

「潮吹いちゃったね、お姉さん！」

噂には聞いたことがありましたが、潮吹きって、本当にあるんですね。それも、まさか自分が体験させられるとは……。

「感じてる？」

男に明るく声をかけられると、私はあまりの快感に言葉を発することができず、ただ首を縦に振るだけです。アソコの中は、これまでに感じたことがないほど、熱く火照っていて……。

「入れてみる？」

うん、と、頷いたかどうか、とにかく私が返事をする前に、私は大きく脚を開かされて、男が上からのしかかってきました。私は、もう、すっかりその気になっていたから、すぐに締め付けちゃったみたいで……。

「お、凄いね、お姉さん……たまんないな」

車の中で、不自由な姿勢での挿入でしたが、もう若いから関係ない！　という感じで、グイグイ、ひたむきに、テクニックなんか二の次で責めたててきます。私は思わず叫んでしまいました。

「ああ、たまんね！」

あまりキモチ良さそうな大声に、男も驚いたようで、

「そんなにいいの？」

と、腰を振りながら尋ねてきました。

「ダンナ、下手なの？」

「そったらこと、ねえけど……おどさん、おがさん、下で寝てっから」

「そうか、大家族なんだね」

「声なんか、出せねの」

私は呟くように言うと、また男の動きに合わせて、「いい、いい〜！」と、思い切り声を出しながら感じてしまいました。

男はそれから、自分がシートに仰向けになって、その上に私を導きました。男にまたがるの、私は本当は好きなのですが、周りに子供が眠っていたり、下で夫の両親が眠っていたりすると、あまり現実的な体位ではありません。いつもパジャマを着たまま、後ろから……みたいなセックスに慣れていたので、久々の騎乗位に、私の興奮は

絶頂に達してしまいました。

「いい、いい、……いい～イク！」

男の上で跳ねて、腰を思いきり遣って、突き上げられて……。

思い切り叫びながら、私……イッちゃったんです。そのままだと倒れちゃいそうだったから、男から離れて、シートの上に崩れ落ちて……。そしたら次の瞬間、アロハ男が自分で自分をググってシゴいて、ドピュ！　って、精液を私の顔に浴びせかけてきて……。

私とアロハが、倒したシートの上に体を横たえ、今の凄い交わりの余韻に浸っていると、ナイキも後ろの席に戻ってきて、3人でなんとなくイチャイチャしながら時間を過ごしました。右手でアロハ、左手でナイキ……。2人のちんちんを、なんとなくイタズラしていると、またすぐ元気になってきて……。びっくりです。そうしたら私のほうも、もうこれで終わりだと思っていたのに、ムクムクと、シタい気持ちがものすごく強くなってきてしまって……。

「外さ、行ぐ？」

ああ、私のほうから誘ってしまったんです。

「お姉さん、セックス、好きなんだね！」

嬉しそうにナイキが笑います。

「そこの雑木林の中に、ちょっとした場所さあるから」

いったい、今日の昼間に、こんな凄まじい経験をするなんて、朝は想像もつきませんでした……。

アロハ男が、雑木林の一本の木に寄りかかるようにして立っている。私は、そのむき出しになったちんちんを、腰を曲げて咥えている。その私の裸の尻を、ナイキ男がつかんで、後ろから私を犯している……。

口に一本、アソコに一本「けっぺ」を咥えた私。それも、両方とも、大学生だから若くて、硬くて、大きくて……。

「ああ、ああ、イイ……」

凄く不自然な体勢なので、疲れるといえば疲れるのですが、もうエッチなスイッチが入ってしまった私は、どんなムチャなことでも、逆に感じてしまう体になってしまっていたのです。

「う……」

木によりかかったアロハ男が、あまりの刺激にイッてしまって、私の喉に精液が振りかかってきました。それでも、相変わらず、硬いままで……。

アロハ男が私から離れると、私は男がそれまで寄りかかっていた木につかまって、ナイキ男のピストン運動を受け止めます。パン、パン……と、男の下腹部が私の尻に当たる音がします。

「いい、いい、もっと、もっと……」

放心状態だったアロハ男が、車からバスタオルを持ってきてくれ、雑木林の地面に敷いてくれました。私はそこに仰向けになり、股を開きます。まだまだ元気なナイキ男が、私の上からグググ……と入ってきました。

背中をチクチクと、タオルを突き抜けた雑草が刺激します。チュンチュン……と小鳥の鳴き声が聞こえます。ミーンミーン……という蝉の鳴き声もうるさいぐらいに響いてくる中、私はひたすら沸きあがってく快感を噛み締めていました。

「ああ、ああ……いいわ、いいわ……」

そのうち、ただ見てるだけではガマンしきれなくなったアロハ男が、また自分のちんちんを剥き出しにして、私の口の前に持ってきました。私は手を伸ばしてそれを握り、ナイキ男の突き上げを味わいながら、アロハをちゅぱちゅぱと……。

さすがに2回イッたアロハ男が、しゃぶられただけで満足したのか、私から離れていくと、今度はナイキ男が、今までより以上に激しく腰を振ります。

「ああ、ああ……イッちゃう」

私の上で男が顔を歪めています。私も、その顔を眺めているうちに、またまた、イキそうになって……。

「一緒に、ね、行ぐべ」

「ああ、ああ……イク……」

男は、スルリ、とちんちんを引き抜き、手を添えたかと思うと、私の乳房に、そして顔に、ドピュ！　ドピュ！　と、何度も精液を浴びせてきました。

私はそれを舐め、そして……放心状態の男に近付くと、やっぱりまだまだ硬いそれを握って、最後の一滴まで、キレイに、おそうじ……。

サオを舐め、袋を舐め、そしてもう一人も同じように、ペロペロ……と、どこまでもキレイに舐め尽くして。

このあと何もなければ、二人を連れて、どこか山奥の温泉場にでも行ってしまいたいところでしたが、そんなことをしたら、家の中が大騒動になってしまいます。それに、これだけ満足させてくれれば、しばらくはストレスも無縁でしょうし……。

「水、飲むが？」

コクリとうなずいた2人に、私は湧き水を汲んで来て、口移しに飲ませてやりました。水を飲んだら、また元気が出たのか、2人とも、アソコがまた、ムクムクと大きくなりかけましたが……。

学生たちは、私の連絡先を知りたがりました。私も、どうしようかな……と迷いましたが、こういうことは、偶然の一回だけがいいかな、と、そのまま何も教えず別れることにしました。

その夜……。

町から戻ってきた夫に求められると、いつも以上に興奮して、何度も何度もイキまくってしまいました。女って、こういう時……男の人たちよりも、本当にトクだな、って思えるんです……。

●陰毛は濃く、また土手も分厚く、いかにも男が好き……といった雰囲気濃厚なマ○コ

温泉女将のおもてなしは、終わりなきアバンチュール

【投稿者】湯浅晴之（仮名）／36歳／製薬会社勤務

私は、とある薬品会社で働く技師です。と言うと、なんとなく実験室の中で、白衣を着て試験管を振っている、そんなイメージをお持ちになる方もいらっしゃるのではないでしょうか。

もちろんそういう時もあるのですが、それよりも私のメインの仕事は、全国を回って植物やコケ、土壌などのサンプルを採集すること。そうしたものの中に、まだ知られていない、人類にとって有用な物質が含まれているかも知れないからです。

ですから服装も、野山を駆け回りやすいようなサファリ・スタイルがほとんど。どこに行っても遊びに来ていると思われ、「平日の日中から遊べていいですね……」などと誤解を招くこともしょっちゅうです。

これからお話するのは、そんなサンプル採取の旅で、先日、中部地方の某県に出かけたときのこと。

宿を取ったのは、由緒ある温泉旅館だったのですが、シーズンオフであまり人影もなく、実にのんびりといい雰囲気でした。

午前中、別の地域でサンプル採取をしていた関係で、宿に着いたのが午後3時ごろ。それから山に出かけるのはちょっと遅すぎるので、無理をせずのんびりしよう……と、露天風呂にゆっくり浸かって、早めに夕食を済ませ、ロビーに出てあたりの案内図などを眺めていました。

すると、年の頃なら三十前後、美しい着物姿の女性が私に近づいてきたのです。

「いらっしゃいませ、若女将の弓枝でございます」

「これはどうも、ご丁寧に……湯浅です」

「どちらからお出でに？」

「東京です」

「お一人で？」

「ええ」

「お仕事かね？」

どこか真●あずさに似た和風美人なのですが、言葉の端々にこの地方独特の訛りが出ることがあり、それがかえって親しみやすさを増して聞こえます。

「そうなんですよ、残念ながら」

「どんなお仕事？　営業の方じゃないみたいですけど」

「そのへんの野山を歩き回って、植物を集めたり、土を拾ったりするんです」

「植物って？　木とか、草とか？」

「そうです。いろいろな地方の珍しい植物なんかを持って帰って、役に立つ物質が含まれていないか、調べたりするんですよ」

「へーえ、面白いお仕事ですねえ」

「まあ、毎日、同じことの繰り返しですから、だんだん飽きてきました」

「それでも全国をお巡りになる？」

「そうですね」

「うらやましいわー、うちなんか、こんな仕事してますから、そんな長い旅行なんてできませんのよ」

　話をするうちに私は、彼女の美貌と、ざっくばらんな人柄にすっかり魅せられてしまいました。仕事の性質上、同じ地域に立ち寄ることはあまりないのですが、この宿は絶対にもう一度来てみたい。そう思わせるほどの魅力的な女性だったのです。

「じゃ、明日はこちらの山へ？」

「そうですね。D山に登ってみようと思ってます」

「D山？　湯浅さん、前にD山に登られたことはあるかね？」

「いえ、初めてですが……」

「そりゃ危ないわ。あそこは地図通りに行くと、とんでもなく危険な場所があって、しかも遠回りなんです。うーん……」

弓枝さんは、しばらく考えていましたが、意外な申し出をしてくれました。

「じゃ湯浅さん、明日、私がD山を案内しますでね」

「え？　そ、それは申し訳ないです。大丈夫です、一人で行けますから」

「いいえ、明日は予約のお客さんもほとんど入ってないし……。それに私も、久しぶりにちょっと山に入って、山菜でも取ってこようかと思いますので。何時に出発されます？」

「そうですね、普通に朝御飯をいただいて、八時半ごろと思ってます」

「八時半ですね、わかりました、じゃあここで待ち合わせましょう」

「助かります、ありがとうございます」

翌朝。

私が準備を整えて玄関近くまで来ると、昨夜の艶やかな着物姿とは打って変わって、活動的な登山スタイルに姿を変えた弓枝さんの姿がありました。またスポーティなスタイルがよく似合っています。

「おはようございます」

立ち上がって私に挨拶してくれましたが、その笑顔がまた素晴らしい。

「おはようございます。今日はすいません、よろしくお願いします」

「こちらこそ。じゃ、行くかね？」

「はい……」

私たちは世間話をしながら、D山の方角に向かって歩き始めました。すぐに舗装された道は途切れて、急峻な山道が始まります。すると弓枝さんは、地図のルートと正反対の方角に林を横切り始めました。道なき道、というのは正にこのこと。こちらも全国の山を歩き回っていますから、少々のことでは驚きませんが、それにしても昨夜のおしとやかな雰囲気とはがらりと変わった、弓枝さんの健脚ぶりには驚かされます。

「疲れないかね？」

「大丈夫ですが……本当にこっちでいいんですか？」

「まあまあ、信用してください」

しばらく笹を分けて斜面を横切ると、林の中のちょっと開けた場所に出ました。地図で調べると、確かに正規ルートでここまで来ると、2時間ほどかかることになっていますが、弓枝さんに案内してもらったルートだと、1時間とちょっと。ずいぶん近道をさせてもらったことになります。

「ありがとうございます……やっぱり土地の方に案内してもらうと違いますね……」

私はそのあたりでサンプルの採取を始め、弓枝さんはせっせと山菜とり。しばらくしてお昼どきになると、弓枝さんが声をかけてくれました。

「湯浅さん、お昼にしましょう」

「もうそんな時間ですか……」

お弁当と共に、弓枝さんが「ハイ」と手渡してくれたのは、なんと缶ビールでした。

「まあ、飲みましょう。足りなきゃ、おかわりも、あるでね」

仕事中にビール……若干抵抗がありましたが、せっかくの好意を無にすることもありませんし、何よりも天気に恵まれ、そこら中で鳥の声も聞こえ、気分爽快です。

私たちはプシュ、と缶を開け、ビールを一気にゴクゴク……と飲み干しました。午前中、たっぷり時間が取れたので、ほとんど一日分くらいのサンプルも採取し終わっていました。

「重い缶ビール持ってかえることもないでしょう。全部飲んで帰りましょう」

妙に説得力のある弓枝さんの言葉に、私もついつい飲んでしまって……。かなりいい気分になり、二人並んでシートの上に横たわりました。仰向けになった弓枝さんの胸はこんもりと盛り上がって、実にいい眺めです。

「気持ちいいネー」

明るい弓枝さんの声。

「そうですねえ……」

私もくつろいで答えると、弓枝さんが意外な言葉を。

「ねえ、キスしよう」

言うが早いか、彼女は私の上に重なってきて、私は無理矢理唇を奪われた形に。それよりも、そのふくよかな胸が私の胸にぎゅーっと押しつけられた形になって、たまらない感触が伝わってくるのです。私も思わず彼女の背中に手を回し、ギュッと抱き締めると、彼女のくねくねと動き回る舌をつかまえ、舌と舌とを絡ませました。ビールの匂いがつんと鼻を抜けていきます。地方の女性の中にはけっこう積極的な人も多く、私もこれまで旅先でアバンチュールを楽しんだことも何度かありましたが、これほど責めてくるタイプの女性は初めての経験でした。

「あんたの方からキスしてくれないかな、って思ってたのに。鈍い人……私をこんな気持ちにさせておいて」

しばらくお互いの舌を絡ませた後、彼女はやっぱり私の上で、私の瞳をイタズラっぽく覗き込みながら言いました。

そっちが勝手にそんな気持ちになったんじゃないの……と言いたいところでしたが、これだけのいい女に迫られて、そんな野暮な台詞を口にすることはありません。

すると、彼女はおもむろに私の服のボタンを外し、さらにズボンのファスナーを降ろすと、さっきの胸の圧力で思わずビンビンに硬くなっていたモノを取り出して、ちゅぱちゅぱ、と音を立てて吸い始めました。

まるで砂漠をさ迷っていた隊商がオアシスにたどり着いたかのように、弓枝さんは私を激しく吸い、舐め、軽く噛んだりもしながら貪りました。

私は、自分でも彼女を味わいたくなったので、いったん離れてもらうと、彼女の下半身も裸にして、私が仰向け、彼女がうつ伏せになり、シックスナインでぺちゃぺちゃ……と味わい始めました。

楚々とした外見からは想像もつかないほど陰毛は濃く、また土手も分厚く、いかにも男が好き……といった雰囲気濃厚なマ○コ。淫乱そのもののような眺めは、見ていても飽きることはなく、また舐めるとブルーチーズのような強烈な味で、たまらないものがあります。私は一心不乱に舐め続けました。すると、彼女はすぐにびしょびしょに濡れ始め、私の顔も後から後から流れ出してくる愛液でびしょびしょに。

「うう、ああ……たまんねえ……」

彼女のヨガリ声は、また甘く、透き通っていて、それでいて時に方言が混じるのですから、私も興奮させられました。

また、シックスナインでも始めのうちは私に一生懸命奉仕してくれていたのですが、だんだん感じてくるとその手も舌もおろそかになって、私の責めに体をよじって絶叫するばかり。

そして、とうとう……

「もうダメ、入れて……」

シートの上に四つんばいになって尻を突き出してきました。パックリと割れた、赤黒いマ○コは愛液と私の唾液とでずぶ濡れになっていて、実にエロティックな眺め。

それを目にすると、私の海綿体に、またドクドクと血液が流れ込んでいきます。

「行くよ……」

真っ白な、大きな尻を掴むと、私はその泉の奥へと一気に突き進みました。

「あン……いいわ……突いて」

最初はゆっくりと思っていたのに、一度インサートしてしまうと、もう腰が言うことを聞きません。ひたすら速く、激しく、勝手に動いてしまうのです。

「いっちゃう……いっちゃう……」

どんな大声を出しても、誰も来る心配のない山の中。カッコウやウグイスの声に混じって、彼女の澄んだ声が谷を渡っていきます。

「いっちゃうわあ……いぐ……いぐぅう」

あまりの感じ方に、彼女はその場にうつぶせに倒れ込んでしまいました。私は彼女に逃げられてしまった格好になり、仕方がないのでフィニッシュは自分でシゴき、彼女の尻へ……。

弓枝さんはいつまでもヒクヒクと痙攣を続け、私もズボンを履く気がせず、ずっと下半身丸出しの情けないスタイルで、シートの上に座り続けていました。

そのまま1時間ほど休んで下山。あんなに体力を使って、果たして無事に降りられるかどうか不安だったのですが、弓枝さんは何事もなかったのかのように、ヒョイヒョイと斜面を降りていきます。一方、私はハアハアと息を切らせながら……。やはり、田舎の女性はたいしたものです。

宿に戻って夕食を済ませ、部屋で採取したサンプルの整理などしていると、「よろしいかしら？」とノックの音。「どうぞ」と声をかけると、今度は艶っぽい浴衣姿の弓枝さんが、ニコニコ笑いながら入ってきました。

「あらごめんなさい、お仕事中？」

「いえいえ、いいんですよ。さっきはずいぶんと……」

「何言ってるの、まだまだ序の口ですよ、うふふ……もうお風呂はお入りになった？」

「ええ、先ほど大浴場で」

「じゃあ、今度は家族風呂、いかがですか。露天もあるし、静かでいいんですよ」

「そうですか、じゃあ案内していただこうかな」

「どうぞ、どうぞ……」

「今日はほかにお客さん、いらっしゃらないんですか？」

「もう、ヒマなんですよ。湯浅さんのほかには、常連のお年寄りのご夫婦が一組、いらっしゃるだけで。今日は従業員もみんな、早く帰しちゃったんです……こちらです」

脱衣場に入ると、弓枝さんは手早く中から鍵をかけ、私の浴衣を脱がせると、足元にひざまずいて、いきなり私のモノをしゃぶり始めました。さっきあんなに激しく使ったのに、またすぐ元気になって、ビンビンになって。

「もう、すぐこんなに元気になっちゃって。またたっぷり楽しませていただくわ」

私が湯船の縁に腰かけると、彼女が中に入って、ぺちゃぺちゃ……とおしゃぶり、湯気の中の白い肌が、次第に赤身を帯びてきて、まるで天女にフェラチオされているかのような感じ。

今度はお返しに、湯船の縁に大きく股を開いて座った弓枝さんの股間に顔を埋め、またぴちゃぴちゃと舐めまくり。さっき山の中で味わったばかりなのに、また違う淫らな味がしてたまりません。

それから二人とも湯船に入って、のんびり、イチャイチャしながらお互いの体を触り合って楽しみ、向かい合って座ってそのままインサートしてみたり……。

そうこうしているうちにノボせそうになってきたので、体を拭くのももどかしく、もつれ合うようにして部屋に戻りました。そしてまた、ビールを飲んで……。

薄暗い照明の中に、仄白く浮かび上がる弓枝さんの肌はこの上なく美しい。今夜、これが自分のものなのかと思うと、それだけで興奮してしまって……。

わざと、浴衣の襟から手を伸ばして、豊かな胸に触れてみました。大きめの乳首がビンビンに立っていて、もうたまりません。そのまま乳房を剥き出しにさせると、歯を立てて軽くコリ、と噛んでしまいました。

「あ……痛いわ……優しくして」

その一言に私のスイッチが入りました。荒々しく弓枝さんを布団に押し倒すと、浴衣の裾をまくり、脚を大きく広げると、私も浴衣の中からギンギンにいきりたったペニスを取り出して、正面からぐぐっと挿入。

「ああ……凄いわ……たまんない」

「僕もだよ……弓枝さん、締まってる」

「わざとそんなことしてないのよ、自然に締まるみたいなの、私……」

「凄いよ、最高だ……」

　ぐっしょり濡れたその部分は熱を持って温かく、私は思い切り腰を振りたいところなのですが、彼女がクイクイと締め付けてくるので、思うように身動きが取れません。

　私はその場であぐらをかくようにして、彼女の上体を起こし、対面座位でじっくり楽しむことにしました。浴衣もすっかりはだけてしまったので、二人とも全裸に。熟しきった彼女の体は、崩れる一歩手前の爛れた感じがなんとも淫らです。私は上体を屈めて、乳首を舐め、そして噛みました。するとそのたびに彼女は「あン……」と切なげに呻いて体を震わせるのですが、するとその度に、彼女の中に埋められている私のペニスが締め付けられて、たまらなく感じてしまうのです。

　それから私は仰向けになり、彼女には座ってもらって、騎乗位でたっぷり楽しんでもらうことにしたのですが、その動きの激しいこと。腰をダイナミックに前後に動かして、しばらくするとたまらなく感じてしまって体をのけぞらせ、一休みするとまた飽くことなく腰を動かし始める、その繰り返し。

私は昼間、一度射精していましたから、かなり激しく動かれても、その動きについて行けましたが、それでも揺れる胸を見てしまうとすぐに絶頂に連れていかれそうになったものです。

「いいじゃん……いいじゃん……」

方言の睦み言というのは、どうしてこんなにイロっぽいのでしょう。また、そんな言葉を聞くと、なぜか征服欲にかられてしまうのです。

私は全裸の彼女をもう一度仰向けにして、正面から挿入しました。原点に戻ったような感じで、これがまた新鮮。さっきまでは淫乱そのものの熟女だったのに、こうして正常位で男を受け入れる様子は、まるでセックスを覚えたての女子校生のようにウブな感じがして。さすがに締め付ける元気もなくなってきたのか、中でもスムーズに動けるようになったので、私はひたすら腰を前後に振り続けました。

そして、「ああ……もう……」と、白目を剥きかけて体をのけ反らせたので、ここらが潮時か……と、私も思い切って腰を動かし、そして彼女にしがみつくと同時に、そのぐちょぐちょの膣の中に、射精……。

「イクぅうう！」

次の瞬間、私はほとんど気を失ったかのように彼女の上に倒れ、そしてそのまま熟睡してしまったのです。

朝、目が覚めるとすでに彼女の姿はなく、移り香だけが布団に残っていました。

荷物をまとめて帳場に行くと、今度は体の線を強調するような、セクシーなスーツ姿の弓枝さんがニコニコ笑っています。

「おはようございます。よく眠れた？」

「ええ、熟睡しましたよ……」

「駅までお送りしますわ」

来るときは30分ほどの道を歩いてこの旅館にたどり着いたのですが、車だとほんの五分と少し。あんなにも熱い一夜を過ごしたのに、もうこれでこの女性と逢うこともないのか……と、少し感傷的な気分になっていると、

「またいつでも遊びに来てね。歓迎するわ」

と弓枝さん。

「それにね」

バタン、と車のドアを閉めて無人駅の待合室に入ると、彼女はすぐに私の股間に手を伸ばしてきました。

「次の列車までね、一時間以上あるのよ。こんな時間に乗る客はめったにいないし。ここでもう少し、楽しめるわ」

そう言うなり彼女は、私の手を握って、スーツの胸の中へと導きました。予想したとおりノーブラで、昨夜さんざん楽しませてもらった感触がすぐに戻ってきて……。

ベンチの上に座った私の上に、下着だけを脱いだ彼女が重なってインサート。こんなにも明るく、エレガントで、しかも淫らな女性と巡り会ったのは初めての経験でした。

「ねえ、私たち、覚えたての高校生みたいじゃない？」

「弓枝さん、高校生の頃、こんなことしてたんだ……」

「イヤねえ……エッチ」

「どっちが？」

「そうね、ふふふ……あン……もう、イっちゃいそうよ……」

私は大きく腰を突き上げて、また彼女の中に熱い精液を解き放ちました。まだまだ何度でも、できそうでした。

●そのグラマラスなことと言ったら、正に「生唾ごっくん」というタイプだったのです

野菜の使い方を説教するはずが、夫婦に乱交性指南を

【投稿者】上芝武人（仮名）／38歳／農家

ずいぶん前から、ほとんど廃墟同然になっていた、昔の庄屋の屋敷を買い取る人がいると聞いた時は、すごくびっくりしたものです。

あんなだだっ広い化け物屋敷を、いったいどうするつもりなんだ、って……。

さらに驚いたのは、その買い主というのが、東京から移住してきた若い夫婦だということでした。もともと旦那というのは、その庄屋一族の遠い親戚に当たる人なんだそうで、子どものころ遊びに来たことのある立派な屋敷が、朽ちていく一方なのを嘆いて、なんとかしたいと思った、とか……。

いや、世の中には酔狂な人がいるもんだと思いました。

「都会の人の考えることは、わっからねえな」

農作業中、ビニールシートが足りなくなり、いったん帰宅したところに、ちょうど来合わせた農協のMさんとそんな話をしていると、

「こんにちは……！」

どうにも艶っぽい女の声が、外から響いてきました。

「はい？」

「あの、ごめんくださいい。私、今度、お宮の隣の家に、引っ越してくる者なんですけど……」

顔を見せたのは、何と言ったらいいか……このあたりの田舎では、見かけたこともないような、垢抜けた美人でした。そうですね、顔立ちは、女優の吉●美智子にちょっと似ている感じ。

そして、身につけているものといえば……。肌にぴっちりとまとわりつくTシャツとジーンズというスタイルだったのですが、胸もお尻も大きく張り出して、体型がくっきり。そのグラマラスなことと言ったら、正に「生唾ごっくん」というタイプだったのです。

(こんな女と、してみてえもんだな)

男なら誰でも、そう思わずにはいられないような、神々しいと言えるほどのナイスバディ。いいものを見せてもらった、という感じです。この尻を両手に抱えて、後ろからズコズコ、突いてみたい。あの豊潤な胸の谷間に顔を埋めて、窒息するほど挟まれてみたい……。

全然気がつかなかったのですが、脇には亭主もくっついていました。細く、弱弱しい感じの都会人タイプで、よくこの男に、この上玉が口説けたな……と思わずにもいられないメガネの優男。

（もしかしたら、すんげえ『がも』の持ち主だんべか）

がも、というのは、このあたりの方言で男根のことです。弱弱しく見えても、夜は凄まじい迫力で、この女さヒイヒイ言わせてんでねえか。

そんなことを想像させるくらい、この都会からやって来た女性は、ハヤリの言葉でいえば「セクシー」そのものだったのです。

宮野恵美、と名乗ったその女性は、笑顔を浮べながら言いました。

「あの家で、農家レストランを開こうと思ってるんです。自分たちでも、もちろん、畑はやるつもりなんですが、それじゃ間に合わないので、申し訳ありませんが、上芝さん、野菜を卸していただけませんか？　できれば、お米もお願いしたいと思っていて。役場で聞いたら、そういうことなら、上芝さんところに聞くのが一番だ、とご紹介いただいて……」

「そりゃ、うちは、商売だから。いくらでも卸すけんども……」

「本当ですか？　うれしい、ね、あなた、よかったわね！」

「その『農家レストラン』て、何だべ？」

「あ、ごめんなさい。最近、けっこうはやってるので、ご存知かと思ったんですけど……」

恵美さんは、ニコニコ笑いながら説明してくれました。

農家レストランとは、野菜や米の生産地にあるレストランで、土地で取れたものをそのまま食べられるということで、安全でしかも安い。都会の人が、車でレクリエーションを兼ねてやってくるという、そんな場所なんだそうです。

オープン次第、米と野菜を納品するということで話がまとまり、二人は帰って行きました。見事な尻が揺れる後姿を、私はいつまでも阿呆のように眺めて飽きなかったものです。

それから連日、幽霊屋敷には工事が入るようになり、朽ち果てる寸前だった家はにわかに生気を取り戻していきました。そして二ヶ月も経たないうちに、無事にオープン。こんなもの、客が入るんだべか……と案じていましたが、日を追うごとに駐車場にはクルマが溢れるようになり、盛況ぶりに村中の皆が驚かされたものです。

そんなある夜のこと。

私は昼間、その店に収めた納品伝票を見て「いげね！」と思わず大声を上げてしまいました。

そこにはジャガイモとタマネギ5キロずつ、としっかり書き記してあるのですが、その収めたはずの品物が、入口の脇にそのまま残っているのです。運ぶ途中で携帯が鳴り、応答しているうちに、うっかり運ぶのを忘れてしまったのでした。

新鮮なジャガイモを使ったポタージュは店の名物です。朝一番から仕込まなければいけないはず。どう考えても私のミスなので、ちょうど缶ビールの栓を開けたところだったのですが、そのまま、また冷蔵庫に戻して、トラックの荷台に積み込むと、店へと向かいました。

駐車場にクルマをとめ、段ボールを抱えて、調理場の勝手口から中に入っていくと……奥から妙な喘ぎ声が聞こえてくるのです。

「ああ……ああ……いい……」

（へっこ？）

へっこ、というのは、このあたりの言葉で性交を意味します。

あの声は、確かに恵美さん。

私は、好奇心を抑えきれず、店の奥へと足を進めて行きました。すると、ついたてで囲われた、半分個室のようになったスペースの奥で、二つの影が怪しく揺れているではありませんか。

てっきり、全裸の男女がそこで交錯しているのかと思ったら、そうではなく。恵美さんは、服を着たまま、テーブルの上に乗って、壁によりかかるようにして、大きく脚を開いています。右手は、自分の豊かな胸を揉みしだきながら……。下半身は、ロングスカートをまくり上げて、ショーツは左の足首に引っかかって。黒々とした股間に、チロチロとオレンジ色の物体が刺さっているのが見えます。

優男の亭主は、その傍らに立って、彼女の秘所を貫いているオレンジ色の物体を握って、彼女の歓呼に応えるように、それを小刻みに震わせながら、入れたり、出したり……。

「ああ……いいわ……もっと……もっと……」

快感に我慢しきれなくなった恵美さんは、ブラウスのボタンを外し、もどかしいようにブラジャーのホックも外して、乳首をしっかりと摘みました。そこに飛び出してきたのは、想像していたのより、もっと凄い胸。大きく、形もよく、そしてほのかに薔薇色を帯びた乳首は見事としか言いようがありません。

私はしばらく、その様子を呆然としながら見とれていました。素人のセックス・ライヴなど、見たくても見られるものではありません。向こうも見られていることにまったく気づいていないようなので、思わずそこでジャージのズボンを下ろし、オナニーしてしまおうかと思ったほどです。

でも、彼女の股間に挿入されている物体の正体に気づいたとき、私は怒りにとらわれました。

(あれ、俺のニンジンでねえか!)

こう見えても、私は誇り高い専業農家です。野菜を食べていただく皆さんの笑顔を思い浮かべつつ、日々、辛い農作業に励んでいます。決して、決して……淫乱な女性の性欲を満たすために、朝4時に起きて畑仕事に精を出しているわけではないのですから……。茹でるなり、蒸すなりして、召し上がっていただきたい。でも、あんな風に、こともあろうにコンドームを被せて、ネチャネチャと音を響かせるなんて……。

「おめら、何やってんだ！」

途端に喘ぎが止まり、室内に冷たい空気が流れました。亭主は恵美さんの股間から手を離してこちらに向き直り、局部には私が手塩にかけた立派なニンジンが突き立てられたまま……。

「ニンジンはな……ニンジンは、食うためのものだあ。そったらとこさ、入れるためのもんでねえ」

「す、すみません」

亭主は、青ざめた顔で、ひたすら頭を下げています。

恵美さんはと言えば、先ほどからの興奮からまだ醒めやらない様子で、乱れた股間を隠そうとするでもなく、目を細め、表情だけで必死に詫びているようです。

それにしても、この夫婦は、いったい、何でこんな所業に及んでしまったのでしょうか。

「ごめん……なさい。武人さんには、本当に、申し訳ない、です」

ようやく呼吸が整ってきた恵美さんが、めくれたスカートを直し、股間を覆うようにしながら言葉を搾り出しました。それでも、真っ白な太腿から膝にかけての眺めは、異常にエロティックです。

「私……私ね、この人のこと本当に好きなの」

「旦那のことけ」

「そう。優しいし、私のこと大切にしてくれるし。でも……」

「でも？」

「アレがね。小さいの」

彼女は顔を真っ赤にしながらも、この上なく恥ずかしい場面を見られてしまったという安心感からか、大胆なことを平気で口にするのです。

「がも？」

「このへんじゃそう言うの？　そう、小さいの。おちんちん」

「そりゃ男もいろいろだからな」

「うん。わかってる。でもね、私、だめなの。大きくないと」

「そうけ」

「そうなの。本当に好きだから、ちっちゃくても、我慢できると思ったの」

「でも我慢できんかった」

「そう……」

「それでニンジン？」

「……ごめんなさい」

私は、彼女の股間から、何とも言えない、甘酸っぱい匂いが漂ってくることに気づきました。興奮した女性器特有の匂いです。甘えるような声、そして半ばはだけた胸と太腿……私はますます勃起してしまったのです。そして、その部分を、恵美さんが食い入るように見つめていることにも気づきました。

「武人さん？」

不意に、亭主が声をかけてきました。

「僕も、恵美のことが大好きです。愛してる。だから、彼女を満足させてやりたいんです。ニンジンのことはすみませんでした。もう二度と、こんな目的には使いません。でも、その代わりにお願いがあるんです」

「お願い？」

「僕の代わりに、彼女を抱いて……思い切り、満足させてやってもらえませんか」

「そ、そんな……」

「武人さん、そんなに興奮してるじゃありませんか」

私は改めて自分の股間をのぞきました。下半身で身につけているのは、トランクスとジャージだけでしたから、私の「がも」は、その柔らかな二枚の布を大きく突き上げて、正にテントを張ったような状態になっているのです。そして、心なしか、先端部分は、少し湿り気を帯びてきているかのような……。

「ええだが」

「お願いします」

そして、恵美さんが私の目をじっと覗き込んで……。

「来て……」

その一言で、私は理性も何もなくなりました。

テーブルに飛び乗ると、彼女の唇を荒々しく奪い、その中に舌をぐいっと差し入れます。

「あ……」

恵美さんの溜め息が私の耳を甘くくすぐり、私の興奮はどんどん増して行きます。彼女の背中に腕を回し、ぐいと抱き寄せると、豊かな胸が私の胸に押し付けられてギュウという弾力が跳ね返ってきます。彼女のことを考え、彼女を抱いたらどうなるか、想像したことは一度や二度ではありません。でも、この肉体の心地よさは、正に想像を絶していました。

左手に力を込めて彼女を思い切り抱きます。そして、右手は、待ちかねていたかのように、スカートの奥へ、すでにグッショリ濡れている、あの部分へ。

ほんの少し触れただけで、アン……と吐息を漏らしながら、彼女は身をくねらせてきます。そして驚くほどの湿り気、というよりは液体そのものが、どこからともなく溢れてくるのです。私は指を二本、三本と差し入れて、その中を思う存分探検します。ヒクヒクと震え、巻きつき、そしてザラザラとした裏側の部分の感触を味わうと、彼女は白目を剥いて背中をのけぞらせます。

「いい、いいィ〜〜……」

それから私は我慢できずに、スカートの中に頭を突っ込み、今度はそこに口づけして、舌を差し込んで。ぴちゃぴちゃ、ぴちゃぴちゃ……思い切り淫らな音を立てながら、味わいました。

「ああ、素敵……ねえ、でも、そろそろ……」

彼女はもうこれ以上背中を曲げたら折れるのではないか、というくらいのけぞりながら、囁くのです。

「来て」

私は、彼女の両脚をつかむと、テーブルの端まで引っ張ってきて思い切り脚を上に持ち上げ、そのまん前に立って、正面から「がも」を、グイっと挿入しました。さっき指を入れたときに分かっていたことではありましたが、ククイと締め上げるその圧力は凄まじく、もしあれほどグショグショに濡れていなければ、まったく身動きが取れないのではと思うほどです。気持ちいい。何とも言いようがありません。

しかも、目の前で喘いでいるのは、田舎の風俗にいる疲れたオバチャンではなく、東京からやって来た、吉●美智子似の、ホンモノのグラマラスな美女なのです。夢ではないかと思うのですが、夢ではありません。これまで私が生涯で感じた中で、最高の快感であることも疑いなかったのです。この極上の女を好きなようにすることができるのに、満足させてやれない、傍らに立つ亭主が、何となくかわいそうに思えてきました。

でも、走り出した快感は、もう誰にも止められないところまで来ていました。私は彼女の脚を開き、右足を左手、左足を右手でがっしり抑えると、限界まで腰を動かし続けました。パシ、パシ、パシ、パシ……。彼女の尻と、私の腰が当たるたびに、激しい音が響きます。彼女の尻は、その刺激にどんどん赤みが増してきて、それと同時に、彼女の「よがり声」も、どんどん激しくなっていくのです。

「ああ、ああ！　イイ〜……イク、イク……」

抱えた足が小刻みに震え、彼女がイキそうになったのがわかったので、私のリズムもさらに速くなり、そして、もうこれ以上我慢できなくなったところで、彼女の足を離し、私もいったん彼女から離れて、自分で自分の「がも」をしごきました。

すると、凄まじい勢いで精液がどぴゅ！　どぴゅ！　どぴゅ！　と、しごくたびに飛び出していきます。そして彼女の顔に、胸に、腹に、白濁した液体の「水溜り」がいくつも、いくつも出来ていくのです。彼女はもはや呼吸するのもキツそうでしたが、私がまだまだ精液が滴り続けるのも気にせず、彼女の顔に近づき、思い切り口づけすると、彼女も激しく舌を絡ませてきました。

それから私は、彼女をレストラン入口脇のソファまで、引きずるようにして持って行きました。そして少し離れたところで唖然としながら見つめている亭主を、手招きしたのです。

「一緒に楽しもうぜ」

田舎の庄屋の家ですから、スペースはいくらでもあります。そこに据えつけてあるのは、普通の家では考えられないような、豪華な、大きい革張りの黒いソファでした。私は彼女をそこで初めて全裸に剥きました。仰向けになっても形のくずれない見事な胸。セックスに興奮し、ピンク色を帯びた肌。そして黒々と密生した陰毛と、その下部にパックリと拡がった、赤黒いグジュグジュの谷間。私の興奮も頂点に達していました。

私もすべての衣類を脱ぎ捨て、全裸になり、そして、亭主にも脱ぐよう促しますと、彼もすでに、小なりとはいえ、勃起しています。

仰向けになった彼女の足を、私が握って思い切りのけぞらせると、真上になった赤黒い谷間に、そのまま再び大きくなった「がも」をブスリと差し入れます。それから亭主に身振り手振りで、アナルに突っ込むようサインを送りました。

最初、亭主はそんなこと無理だ……というような素振りを見せていました。でも、それに反して、可愛らしい「がも」は、ますます反り返り、存在感を示しています。私が何度か誘うと、意を決したようにこちらに近づき、アナル目がけてそれをぐい、と突っ込んできます。かなり無理な体勢ではありましたが、三人とも異常な興奮状態にあるため、ところどころの体の痛みなど、まったく気にならないのです。

谷間から、とめどなく流れ落ちる液体がアナルをもグショグショに濡らしているので、挿入もスムーズだったようです。

「あ……どうなっちゃってんの！　わからない……でも凄い……ああ、もう、どうにでもしてエエ！」

恵美さんの淫らすぎる叫びが部屋に響き渡り、私たちは何もかも忘れて腰を振り、後から後から湧き上がって来る快感に酔い続けました。

「もうダメ、ダメダメダメ！」

彼女が凄まじく痙攣し、あまりの締め付けに、私も、亭主も、ほぼ同時に彼女の前と後ろの穴に、ドピュ！　ドピュ！

ようやくそこから離れても、私も、亭主も、まだまだ「がも」は天井を向いたままです。彼女の顔のあたりまで移動して、二、三回しごくと、まだまだドピュ！　ドピュ！　ドピュ！　と、いくらでも精液が飛び出します。亭主も引っ張ってきて、二人でドピュ！　ドピュ！　気持ちいいのと、面白いのと……。

恵美さんも、苦笑しながら、二人の精液シャワーを浴び続けています。

私は悟りました。

結局、野菜も、男の「がも」も、女性を満足させるという意味では、たいして変わりはないのかも知れない、と。

野菜も、小さかったり細かったりして、市場に出荷するのは無理でも、調理法次第でいくらでもおいしく食べられます。

男の「がも」も、それと同じことで、短小亭主のささやかなモノでも、使い方次第では、女性を十分に満足させられるのです。

それからというもの、私たち三人は、この同じ場所で、そして夫婦の寝室で、そして時には山奥の農作業小屋で……。決して他人には明かせない、この凄すぎる愉しみを、味わい続けているのです。

第三章

貞淑な人妻ほど凌辱がお好き

●ほう、睨んだ通りだ……もう濡れてるじゃねえか……やはりあんたスキモノだ

極限の辱めを受け、淫乱が目覚めた旧家の若奥様

【投稿者】輪島みのり（仮名）／36歳／専業主婦

私がW家に嫁ぐ……ということが友人たちに知れ渡ると、誰もが驚きの声を上げたものです。あんな旧家……それもこの地方指折りの旧家に、一介の中学教員の娘である私が務まるのか、と誰もが思っていたのです。

ただ、私には、自信のようなものはありました。私は、子供のころから、どちらかといえば人にかしずかれるのを好む性格だったのです。女王様ごっこ、お姫様ごっこといった遊びでは、いつも私が主役でした。私は、自分の美貌にはそれなりに自信がありましたし、教員という貧乏くさい父の職業も、あまり好きではありませんでした。もっとも、収入という面では、もちろん公務員ですから、それなりに恵まれていたとは思うのですが……。

いつか、誰もがひれ伏すような家の嫁になりたい。月末までのお金のやりくりや、老後の心配などせず、毎日好きなだけお金を使って暮らしたい。財布の中身が減る心

配などすることなく、笑って一生を過ごしたい。それは、物心ついて以来の、私の目標でした。

私にとって幸運だったのは、小学校以来の同級生に、現在の夫であるWがいたことでした。子供のころ、いろいろな友達の家に遊びに行ったりするものですが、そんな中、Wの家は、正に私が夢見るような、立派なお屋敷に見えたのです。

（私は、W君のお嫁さんになる……）

私はその家でたっぷり遊び、見たこともない舶来のお菓子をご馳走になって帰る道すがら、そんなことを思いました。

それでも、縁……というものでしょうか。中学、高校……と、私はWと常に同じ学校、同じクラスに。大学生になってからは、ごく自然に逢い引きする間柄となり……そして、何の躊躇もなく、私は初体験の相手にWを選びました。私にとって、体の関係を持つ……ということ自体の意味はさほど大きくなかったのです。ただ、その相手がWである、ということだけが重要でした。その時にはもう、私たちの間では将来、一緒に暮らす＝結婚するということが、決まりきった事実のようになっていましたし……。夫は卒業と同時に、Wの家の名前を冠した商事会社に入社。ここは手広くガソリンスタンドやホテルなどを経営している同族会社でした。そしてその翌年、私たちは結婚することになりました。

地方の旧家ですから、都心の豪華ホテルを使うわけにはいかなかったことだけが心残りですが、それでも地元では名高い料亭を借り切って、誰もが羨むような豪華な披露宴のあと、私は念願のW家の嫁となり、優雅な暮らしが始まったのです。十年ほどは、年に何回もの長期海外旅行、一流宝飾店での金額を気にすることのないお買い物、都心のホテルの一部屋を借りっぱなしにして、一流レストランでの食べ歩きといった日々が続きました。同居とは名ばかりで、私たちは日本中、いいえ、世界中を遊び暮らしていたのです。

しかし、旧家の嫁として、一つだけ果たさなくてはならない務め……跡取りを産むということが、現実的な問題となり、もうそのころにはあまり楽しくなくなっていた、夫との性行為を苦痛のように重ねた末、ようやく妊娠し、私たちはその築何百年という旧家に戻ることになり、私は無事に男児を出産。それまでの遊びほうけた毎日に比べれば、落ち着いた日々が始まりました。

この家には何人もの使用人がいました。下男、という言葉は、このごろではあまり使われなくなったようですが、この家では……Wの両親も悪びれることなく、光三のことを下男と呼んでいました。光三は、年齢を聞いたことはありませんが、初めて私がこの家に遊びに来た子供の頃から見ていた記憶がありますから、もう60歳近いかも知れません。

そして、もう一人、若い下男の昇司……。昇司は、おそらく、私と同年輩。やはり女中の由美(彼女はまだ20代半ばの、きちんと化粧させればそれなりに美しい女性。何よりも肉感的なスタイルの持ち主で、女性の私からみても強烈なセックスアピールを感じます)と、夫婦住み込みで働いています。

ほかにも、庭師の千吉や、若い書生の洋一郎がこの屋敷には暮らしていました。使用人たちの差配は、すべて夫の両親がやっていたので、お給金など詳しいことは、私の預かり知らぬところです。いずれにしても、さほど大金を貰っている訳もなく……。彼らにしてみれば、生まれ育ちは自分と同じような下々の境遇だったのに、上手いことこの家の若奥様の座を手に入れた私という存在は、あまり面白いものではなかったでしょう。

そして、運命の日が訪れました。屋敷で過ごし始めてから……そう、あれは、半年ほど過ぎた秋、9月の終わり頃の出来事だったと思います。

シトシトと降り続く雨が何日もやまない、憂鬱な午後のこと。息子もぐっすり眠って、一息つき、のんびりと婦人雑誌など眺めながら過ごしていると、私は昇司に声をかけられました。

「若奥様……」

「何ですか？」

「若旦那様がお呼びです」

「どこ？」

「土蔵にいらっしゃいまして。お連れするようにとのことで……」

私は昇司に言われるまま、着物を整え、土蔵へと向かいました。母屋から歩いて5分ほどの場所にある土蔵は、夏の日盛りで、ようやく中が明るくなる程度。秋の長雨のこんな午後には、ほとんど薄暗くて、中では懐中電灯がないと何も見えないような場所です。

ギギギ……。

中に入ると、昇司が声をひそめて言いました。

「若奥様……この先、なるべくお静かにお願いします」

「何かあるの？」

「面白いものを……お見せしますので」

大きな土蔵の、奥まった一角へと、昇司は私を誘います。手招きされた二階へと続く梯子段の陰から、重ねられた行李や茶箱などの向こう側を見てみますと……。

何やら白い物がチラチラと蠢いています。そして「あ……あ……」という、女性の物に他ならない甘い吐息。

（え？　何なの……？）

ニヤニヤ笑う昇司の笑顔が気になりますが、昇司は黙って口を閉じたまま。仕方なく、その怪しげな吐息の方角をじっと見つめていると……やがて薄暗闇に慣れてきた目に映ったものは……。

（あ……あれは……）

白くチラチラと蠢いていたものは、昇司の妻である女中・由美の太腿。そして、そこに覆い被さって激しく腰を使っているのは、紛れもなく夫のWでした。

「し……昇司……あ、あれは……」

「やっとおわかりなすったか。若旦那様も、とんでもねえことをしてくれたもんだ、女中に手を出すとはね。ただねえ、やはりそれには若奥様、あんたにも責任があるだよ……」

「え……」

「こねえだから由美の様子がおかしいもんだで、俺が後をつけてみたら、このていたらくだ。若旦那様に話をしたら、すまない、この通りだ……と。大奥様には絶対黙っててくれろ、と。若旦那様が弁解するには、若奥様を抱こうとしても、なかなか言うことを聞かない。あれはそっちの道には、どうやらあまり熱心ではないようだ。それにつけても、由美を眺めていると、ついムラムラときて、と。俺は使用人だ、カカアを旦那様に寝取られても仕方がねえ、大旦那様に言うつもりもねえ。ただ、一つだけ条件がある、と言ったら、若旦那様は承知してくださっただよ」

「条件……?」

「あんただ、若奥様」

昇司はそう呟き、恐ろしい笑顔を浮かべると、私を組み伏せ、帯を解きにかかりました。私は余りのことに何が何やら理解できず、悲鳴すら上げられません。すぐに昇司の指が股に差し入れられてきます。私は生まれて初めて男に乱暴に扱われて……男と言えば、夫であるWしか知らなかったのですから……混乱するばかり。ただ……その直接的な暴力すれすれの行為に、ほんの少し……今まで一度も感じたことのない高揚感を覚えていたことも、告白しておかなければならないでしょう。

「俺らね、若旦那様に言っただよ。若奥様は……俺が言うのも何だが、若旦那様がおっしゃるような女ではねえと思う。きちんと教えてやれば、相当な床上手になるに違えねえ、とね。それで俺が提案しただ。若旦那様、好きなだけ由美を可愛がってやってくだせえ。俺たちは、それぐらいでどうこうなる夫婦ではねえからな。その代わり、若奥様を好きにさせてくだせえ、と。若旦那様も喜ぶような、床上手に仕上げて差し上げます、とな」

私には、昇司の言っている言葉がほとんど理解できませんでした。でも……何が言いたいのかは、よくわかったように思います。

いきなり股間に手を突っ込まれて……皆様ご存じとは思いますが、着物を着ておりますと、こうした責め方をされますと、女はとても無防備なものなのです……私は目の前が真っ白になったかのような驚くべき感覚を味わうことになりました。夫にこんな乱暴な扱われ方をしたことはありませんでしたし……。

「ほう、睨んだ通りだ……もう濡れてるじゃねえか……やはりあんたスキモノだ」

え？　私が？　濡れている？　下男にこんな乱暴に扱われて……夫でさえ私を「濡らす」のはそんな簡単なことじゃないのに……。

その時まで、私は、自分が……男女の交わりにあまり向かない女だとばかり思っていたのです。ところが、こうして、下男に乱暴にされて、貞操を奪われようとしているその瞬間に、女性としての「悦び」を初めて知ろうとしているとは……。

行李の向こう側では、由美の喘ぎがますます激しくなり、その喘ぎを押し潰すかのような夫の声にならない呻きも聞こえてくるようになりました。

「ほう……若旦那様も、こちらが始まったことに気づきなすったようだ」

昇司は楽しそうに私の股間をまさぐり続けます。この男は……自分の妻がほんの数メートル先で犯されていることに、何の危機感も嫌悪感も感じないのでしょうか。それが使用人というものなのでしょうか……いいえ……それは私にしても同じことでした。夫が、すぐ傍らで、あの肉感的な美女を犯している。そう思うと、本当なら汚らわしい筈の昇司の節くれ立った指が、底知れぬ快感を生み出す天使の指のようにも思えるようになっていました。

ぴちゃ、ぴちゃ、ぴちゃ……と、激しい湿った音が私の耳にも響くようになってきました。私は、これまで一度も感じたことのない、恐ろしいほどの快感をどうしたらいいのか、訳がわからなくなってしまって……首を横に振ったり、縦に振ったりするばかり。

すると昇司が……。

「若奥様、あんまり良すぎて、どうしたらいいかわかんねえだか。簡単だ、声を上げりゃいい。何もかも忘れて……声を上げてみなせえ。この強い雨だ、どこにも何も聞こえやせんて……」

私は、戸惑いながら口を開けました。

「あ……ああ……あああ……あ～」

自分でも驚くほどの淫らな声が、途端にほとばしり出てきます。いったいこれが私なの？　私どうしちゃったの？　そんなことを思う前に、また目の前が真っ白になり、凄まじい快感が背骨を走り抜け、そして私の体は弓なりになって……。気を失ったような、どこまでも空中を飛び続けているような……。

「ほほう……初めて感じて、初めて潮吹きとは……本当に素質がおありになるようだ……」

（え？　潮吹き……？）

その時はわからなかったのですが、私の……そこから際限なく液体が流れ出て、あたりはビショビショに濡れてしまっていたのです。そんなこともわからない私は、ハアハアと荒い呼吸を繰り返すだけでしたが、次に両脚をがしっと掴まれ、自分も下半身裸になった昇司が私に入ってこようとしているのに気づくと、気持ちの上ではそこから逃れようと、体を引いて逃げようとするのに……昇司の、夫とは似ても似つかない、斜めにそそり立ち、どす黒く脈打つ男根を目にした途端、下半身が釘付けになったように動かなくなってしまったのです。

あんな汚らわしい男のものを迎え入れたくない、という気持ちと……。

あんな立派なゴツゴツしたものに貫かれたい、という気持ちと……。

そんな戸惑いも一瞬で、昇司はいかにも手慣れた様子で私の肉襞を押し拡げ、腰をグイ……と前に突き出すと、激しく下半身を動かし始めたのです。

「あ……あ……あ……」

何か意味のあることを口にしたら、私がそれを歓迎していると思われてしまう。いい、とも、嫌、とも、私は口に出来ません。ただ声にならない声が、……それは私がドロドロに感じてしまっているという証拠に他ならなかったのですが……垂れ流されるように、由美の喘ぎ、夫の呻きと一緒になって、江戸時代から静かに立ち続ける土蔵の中を満たしていくばかりです。

その時私は……目を瞑っていたので、わからなかったのですが、「ぐふふ……」という奇妙な笑い声が聞こえて、薄目を開けると、さらに恐ろしい状況に気がつきました。私の上で蛇のような嫌らしい笑みを浮かべながら盛んに腰を振る昇司の、その肩の向こう側に……年嵩の下男・光三、庭師の千吉、書生の洋一郎の三人が、ニヤニヤしながら私達の行為を眺めているではありませんか……。

（使用人たちに、私はすべてを見られてしまった……）

そんな恐ろしい思いが、しかし現実的なものとは思えず、それよりも、夫が女中を犯しているそのすぐ隣で、さらに身分違いの男達に組み敷かれ、好き勝手放題にされている自分……そんな絵を思い浮かべて私は、さらに淫らな快感を我が物としていたのです。

「昇司、もうそのくらいでええじゃろ。早うワシに代われ」

光三が歯の揃わない口をはしたなく開き、後ろから囁いています。

「父っつぁんに言われちゃ、仕方ねえな」

それまでもかなりの速度で、昇司は動いていたように思うのですが、それからさらに一段と腰の動きは激しくなり……また先ほどの空を飛ぶような感覚が来た瞬間、昇司は私から離れ、次にぴゅっ……と凄まじい勢いで、汚らしい液体が私の顔に降りかかりました。何とも言えない生臭い精液。

「嫌だ、目に入った……」

それを拭おうと身動きした瞬間、今度は光三が私の脚をがっしりと握り、ぐぐ……と中に入ってきました。

「ほう、いい具合じゃのう……」

さっきとはまた違う角度の男根。さっきとはまた違う場所を刺激して、衰えることを知らない快感の波に、私はクラクラとするばかりで……。

ところが、そんな私の顔に、今度は庭師の千吉が、また赤黒く光る男根を近づけてきたのです。

「ちょっと舐めて貰おうかの、若奥様……」

私の口は千吉の男根で塞がれました。途端に息が苦しくなり、何が何だかわかりません。ただ、これをぎゅっと咬んではいけないという思いだけ、塩辛いような苦いような奇妙な味を無理矢理味合わされて、口の両側からは唾液がだらりだらりと垂れ流されていくようです。

「ええ感じじゃ、若奥様に汚いチ○ポを掃除してもらうのはの」

そうこうするうちに、光三の動きが激しくなってきて……。

「もうイキそうじゃ……」

ぐい、と腰を動かすと、……何とこの男は下男の分際で、私の中で果ててしまったのです。ああ、もう、どうしよう……太腿の内側をたらたらと精液が流れ落ちていきますが、口を塞がれている私はどうすることもできません。そのうち、再び脚を掴まれて、また新しい男根が私の襞を切り裂くように奥へ奥へと差し込まれて来ました。さっきの、いささか年期の入ったくたびれた感じの物とは違い、まだ若々しく、それでいて遊びを十分に知っている感じの嫌らしい男根。

「ふう、若奥様……」

書生の洋一郎の声が聞こえました。

「ああ、これでどうじゃ……」

口の中にねじ込んでいる千吉が、私の頭を掴んでグイグイと腰をひねると、今度は口の中に精液が飛び込んで来ます。私はゴホゴホと咽せ、口内に精液が落ちていきそうになるのを必死で防ごうとしますが、体を押さえつけられてどうすることもできません。

洋一郎は、それからしばらく私の上で動き続けていましたが、行李の向こう側の夫と由美が「イク、イク……」「ああ、来て、若旦那様……」と、一段と声を上げたのを受けて動きは激しさを増し、「イクぅ～」という夫の呻きとほぼ同時に男根を引き抜き、もう一度私の顔へ……。

私は、それまで感じたのより、何倍も長く空を飛び……そしてしばしの間、気を失っていました。

気がついた瞬間、頭にあったのは……。

(もっと犯されたい……)

それだけでした。

●その後、お義父さんとしたら、私もお義父さんも……ものすごく興奮するよ、きっと

嫁の色香に狂った義父……今宵も肉棒を突き立てる!

【投稿者】羽間直治(仮名)／57歳／飲食店経営

買い物客はみな、郊外のショッピングセンターに出かけてしまい、取り残されたようなこの駅前商店街には、あまり人も寄り付きません。表通りはお決まりの「シャッター通り」となり、飲食店街もチェーン店ばかりが目立ちます。

そんな中、うちの店がなんとか営業できているのも「看板娘」のおかげ……。今年32歳になる嫁の恭子が、切り盛りしてくれているおかげです。

息子には過ぎた嫁、としか言いようのない恭子。気立てがよく、美女。表現力のない私には、そう書くしかないんですが、実際、その通りとしか言いようのない女性です。

正直、彼女が店に立つ前は、そろそろ店を閉める潮時かもしれないと思っていました。でも、少しずつ恭子目当ての客が増えてきて、経営も安定してきた今では、まだまだ、体の続く限りは板場に立ち続けようという気になっています。

それに引き換え、どうしようもないのが、息子の譲です。

譲は、私の一人息子で、店の跡も継ごうとせず（まあ、この街にいても将来はないので、大阪に行く、と宣言したときも、あえて反対はしませんでした）、大阪で独立して商売をやっていました。そのとき、取引先でOLをやっていたのが恭子で、5年前に結婚し、しばらくはうまくやっていたようです。

ただ、譲にはどうしようもない欠点がありました。それはギャンブル好きということ。競馬、競輪、ボートレースから、パチンコ、麻雀に至るまで、とにかくバクチばかり打っているという毎日だったようです。商売も、最初のうちはうまく行っていたようですが、大きな取引先が倒産してしまったため、不渡りを出して連鎖倒産。なんとかカネをつくろうと、競馬に最後のなけなしの資金をつぎ込んだものの、そんな馬券が当たるわけもなく……。

2年前に故郷のこの街に、妻の恭子を連れて舞い戻ってきたのです。幸い、私は妻に先立たれて一人暮らしなので、店の裏側に建てた家には部屋がいくらでもあり、二人が暮らすのには何の支障もありません。

そして一週間ほどが過ぎた後、何もしないのも申し訳ないので、店の手伝いをさせてくれないか。以前から客商売をやってみたいと思っていた……と、恭子からの申し出があったのです。

私は、この田舎町では人目を引く美女である恭子が、店に出てくれるなら、新たな固定客がつかめるかもしれないと思い「じゃ、家賃代わりに働いてみるかね」と申し出たところ、彼女は大喜び。割烹着を買い込んで、店に立ち始めると、少しずつ評判を呼んで、客は増え始めました。

それはいいのですが、彼女がきちんと働いているのをいいことに、譲の方は、またまたギャンブル三昧。どこからお金を調達してくるのかはわかりませんが、車に乗ってはあちこちのギャンブル場に出かけていきます。この1年ほどは、ずっと車の中で生活しているようで、ろくに家にも寄り付かないのです。

私は、恭子に、たびたび「息子が迷惑かけて申し訳ない。とっとと離婚して、実家に帰ったら?」と勧めるのですが、彼女の方は「店が面白い。客商売が向いているように思う。ずっと、と言うわけにはいかないかもしれないが、当分は手伝わせてほしい」と、ニコニコ笑っているのです。

私にとっては、願ってもない話なので、彼女の好意に甘え、接客はほぼ任せて、私は板場に篭るようになったのですが……。

ある夜のこと。店の片付けを終えて、一階の寝室に入ると、どこからともなく、女の喘ぎ声のようなものが聞こえてくるのです。

「あ……ン……イイ……」

どこかでAVでも見てるのかと思いましたが、それにしては妙にリアルな声が聞こえてくるのです。しかも、どこかで聞き覚えがあるような……。

恭子? いや、そんなはずは……。

もしかしたら譲が帰ってきて、久しぶりに夫婦らしいコトに及んでいるのか。でも玄関には譲の靴らしいものは見当たりません。

おかしい……。

私は気配を押し殺して二階に上がり、恭子の部屋を覗き込みました。襖の隅に隙間があって、かすかな光が漏れてきています。

「あ……ン……イイ……」

声は確かに彼女のものです。男のものらしい、荒い息遣いも聞こえてきます。恭子もまだ三十路前半、いくらでも性欲はあるでしょう。新しい男ができたなら、それはそれでめでたいことだ、とは思ったのですが……。

「ああ、ああ、イク～～」

「うう！」

早めに下に戻ろうと思っていたのですが、二人が動きを止めた今、うかつに動いてしまっては、気配を察しられてしまいそうです。私は、ほんの少し、襖の隙間に指を差し入れ、中の様子がよく見えるようにしました。

すると……。

射精を終え、満足げな男の股間に恭子は頭を沈め、口でペニスを拭っているようです。あんなかわいらしい顔をしながら、あんなエゲツナイことを……。

しかも、愉悦に震える男の顔を見て、私は驚きました。

(あれは……常連の重村さんじゃないか)

重村さんは、地元で唯一といっていい大企業の部長さんで、普通ならうちのような小料理屋ではなく、何軒かある料亭の常連でもおかしくないような人です。しかし、恭子のことをとても気に入っていて、三日にあげず店に来てくれるような、最近のウチの店では、ナンバーワンと言っていい上客でした。

「ねえ、シゲさん……明日も、来てくれるんでしょう？」

半ば萎えたペニスに頬ずりしながら、恭子は甘えるような声を出したのです。

「もちろん……」

「嬉しいわ」

「小遣いもいるんだろう？」

「ありがとう……ね、もう一回……できるでしょう？」

「それは……恭子ちゃん次第だなあ」

「それって、どういうこと？」

「恭子ちゃんが元気にしてくれれば、一回でも、二回でも」

「嬉しい……うんとサービスしちゃう。ね、うつぶせになって……そう、四つんばいになってみて……」

するると、恭子は、中年男が突き出した、醜い尻の下に潜り込み、下からペニスをチュパチュパと音を立てて舐め……そして次には尻の穴まで……。

「おお……最高だ」

「うふふ……ほら、シゲさん、うんと元気になってきたよ」

今度は仰向けになった男の、天井を向いたペニスの上に、秘所をあてがうと、恭子は少しずつ沈んでいきます。

「うふふ……凄いよ、シゲさん……もう私、やぶけちゃいそう」

男に馬乗りになり、左に右に腰を揺らせ、そして形のいい乳房を自ら揉みしだく嫁……。私は心の底から驚きました。二人の動きが激しくなり、少しぐらいの音を立てても大丈夫になったところを見計らって、私は一階に降りました。股間はさっきからいきり勃ってどうしようもなく、私はさっきの恭子ののけぞる姿を思い浮かべながら、自らを慰めるしかなかったのです。

（恭子……！）

その瞬間、私は、彼女が家にやってきたときからずっと、彼女に対して欲情を抱いていたことに思い当たったのです。

（やりたい……）

息子の嫁だと思えばこそ、私はその自分の気持ちを押さえ込んできました。いい年をして、息子の嫁に欲情する自分が情けなかったのです。でも、相手が息子ならいざ知らず、あろうことか、金を持っているだけの大企業の部長に、「枕営業」のような形で体を許しているとは……。そんなどうしようもない女は、十分、私が犯す価値があるのではないだろうか……。そんなどす黒い思いが、私の中に巻き起こりました。

翌日の夜は、重村さんの腹の上で快感にのた打ち回る、恭子の白い裸身が忘れられず、板場で料理を作っていても、包丁で指を切ったり、焼き鳥の串を腕に刺してしまったり、失敗だらけ。しまいには、吸い物に塩の代わりに砂糖を入れてしまうなど、散々な日となてしまったのです。

「マスター、大丈夫ですか。どうかしちゃった?」

悪びれずに聞いてくる恭子の目が、私にはとても痛く感じられました。

それからしばらくの間……私は、寝室に入った後、二階の様子をじっと伺うようになりました。すると、さらに驚くべきことがわかりました。恭子の部屋を訪れていた客は重村さん一人だけじゃなかったのです。商工会の会長さん、街から離れた山間部の豪農の男……少なくとも、三人の男が、一日おきぐらいに恭子のもとを訪れ「小遣い」を与えているらしい……。

新たな男の存在を知るたびに、私はさらに欲情していきました。そして、どうしても一度、彼女を犯したいという欲望が、日に日に強まっていくのを感じていたのです。

そして、ある夜のこと。

その日は、定休日の前日でしたが、客が少なく、夜の10時前くらいに早仕舞いしました。仕入れた食材も、けっこう余ってしまったので、保存が利くもの以外は、自分たちで食べてしまうしかありません。

「恭子ちゃん、たまには一階でちょっと酒盛りでもやるかね」

「本当ですか、嬉しい」

はにかむような笑顔は、女子高生のようにかわいらしい恭子。この笑顔の下に、飽くなき欲望を貪る夜の姿が隠されているのですから、女性というのは、つくづく恐ろしい生き物だと思わずにいられません。

ちょっと着替えてきますね、と、いったん二階に上り、降りてきたTシャツ姿の彼女は、どう見てもノーブラでした。この胸のふくらみが、実際にはどんな色をしていて、どんな形をしているのか……それを「知っている」自分が、なんだか不思議で仕方がありません。

「何を飲む？」

「そうね、最初はやっぱりビールかな……」

彼女は、店でも、客に勧められると、躊躇なく酒を口にしています。アルコールが入

ると、頬がほんのり、ピンクに染まる。そんなときの彼女の、なんとも艶っぽいことと
いったら。私は、料理をしながら、股間が思わず硬くなるのを防ぎようがありません。

「恭子ちゃんは、譲のどこがよかった？」

「こんなことお義父さんに言ったら、失礼かもしれへんけど……ダメなところに惚れ
ちゃった。うち、ダメな男に弱いん」

「そうか……ダメなところか。でも、もう愛想つかしたやろう」

「わからへん……ある日突然、ここに戻ってきたら……」

「でも、もう他に好きな男ができたんと違うんか」

「好きな男？」

「重村さんのこととか……好きなんちゃう？」

「シゲさん？　なんで？」

「重村さんとデートしてたやろ」

「デート？　アホらし、あの人ちゃんと奥さんおるんやで。この小さな街で、二人で
行くとこなんか、どこにもあらへん」

「あるやろ」

「どこ？」

「たとえば、この家の二階とか」

「……」

恭子の顔色がさっと変わりました。

「重村さんだけやあらへん。Mさんも、Tさんも……いろんな男と仲良うしとるんやないか。そりゃ満足な給料も出せんで、申し訳ないと思っとるよ。じゃけど、うちは、そういう店やない」

「うちは……この店も、お義父さんも、大好きやから。何とか役に立ちたいと、そう思うて……」

「そんな媚びるような笑顔、やめといてくれ。そんな、男をその気にさせるような服装も……」

そう言うと、私は、自然に彼女の胸をがしっとつかんでいました。柔らかな感触は、ずっと想像していた通りです。

「あ……お義父さん……」

私はダイニングのテーブルの前に彼女を立たせ、両手をテーブルの上に置かせて、尻を突き出させました。そしてノーブラのTシャツをめくり、胸を露出させると、欲望の赴くまま、激しく揉みました。私の手のひらに擦られて、乳首がどんどん硬く、大きくなっていきます。

「本当にエッチな女なんやな……」

「ああ、お義父さん……意地悪ぅ……」

口を尖らせて言う彼女は、本当にコケティッシュです。

私はもうガマンができなくなり、今度は彼女の下半身を覆っていたスエットとショーツを脱がせて、尻をむき出しにして突き出させました。ぷっくりとピンクに染まった局部が、私の目の前に広がっています。今は亡き妻にも、こんな格好をさせた経験はありません。でも、こんな恥ずかしいスタイルをさせられて、彼女は逆に、感じてしまっているようなのです。私がじっと覗いているのを恥ずかしがるように、その部分はじんわりと湿り気を帯びて、そして液体が滲み出し、床に糸を引きながら落ちていく……。

そこから漂う、薔薇の花のような香りを嗅ぐと、私は股間に、これまで感じたことのない力がみなぎるのを覚えました。ズボンを脱ぎ、下着を取り去ると、黒々とした股間のペニスは、上を向いていきり勃っています。

私は、突き出した彼女の局部に指を触れてみました。

「あン……」

甘い吐息と共に、液体がジュブジュブ……と溢れ出してきます。

私は彼女の尻をぐっとつかむと、立ったまま、後ろから彼女を犯しました。

「あ……お義父さん……すごい……気持ちいい……」

「恭子……恭子……」

「お義父さん……」

私はただ彼女の名前を呼ぶことしかできません。無限の奥行きを持っているような、彼女の局部に向けて、ひたすらペニスを叩き付けるばかりです。そして、叩き付ければ付けるほど、その奥行きは、もっともっと広がっていくような……。

「お義父さん、もっと、もっと……恥ずかしくして」

「ほら、もっと脚を広げて……アソコが丸見えやで」

「いやだ、恥ずかしい、カンニンしてぇ！」

「恭子、どうや……イキそうか」

「イッちゃうよ、お義父さん！　ああ、もう」

「ああ、ワシも……」

　私は彼女の尻をがしっとつかみ、次から次へと湧き上がる欲望を、彼女の中に思い切り放出していきました。腰を突き、引き、ぐるりと回し、突き上げ、突き下げ……そして、そこからペニスを引き抜くと、桃色の裂け目から、後から後から、さっきまで私の中にあった白濁した液体と、彼女の愛液の混ざり合ったものが、トロリ、トロリ……と滴り落ちていったのです。

　それから私たちは、一階の私の寝室に移って、何度も何度も愛し合いました。明日は定休日なので、何も考えず、お互いの体に没入するうち、時間は過ぎていったのです。そんな寝物語のうちに、恭子は驚くべきことを口にしました。

「うちね、見られてると思うと、凄い興奮する。こんどシゲさんとか、Mさんとか私の部屋に来たとき、お義父さん、前のときみたいに、覗いてくれへん？　それで……」

「それで？」

「それで……その後、お義父さんとしたら、私もお義父さんも……ものすごく興奮するよ、きっと」

3日後、重村さんが恭子の部屋を訪れたとき、それは現実のものとなりました。

「ええわ、ええわ……」

私は頃合を見計らって、二階に上がっていきました。襖の隙間の向こう側では、二人の激しい動きが展開されています。恭子はベッドからずり落ちそうになり、上半身が逆さまになって、乳房が顔のあたりまで垂れています。ヨガリ声を上げながら、逆さまになった彼女の視線が、廊下で覗いている私をじっととらえます。私はその表情に、思わずぐっと生唾を飲み込みました。

「ああ……いく、いく、いっちゃう〜〜！」

その声を背にしながら、私は静かに一階に下りました。思わず自分で股間をシゴいてしまいそうになるのを、じっと我慢しながら。

「ほな、また」

玄関で静かに重村さんが囁き、外に出て行きます。恭子は二階に戻らず、下にそのまま。タクシーが止まり、ドアがバタリと閉まって、走り去っていく……もう大丈夫だと思った瞬間、私は彼女の手を引き、抱き寄せました。彼女はすぐに唇をつけてきて、私と彼女の舌が絡み合います。タバコのみの重村さんとの余韻も冷めない彼女の舌は、タバコの味がします。

「重村さんとキッスしてるみたいや」

「アホなこといわんといて」

それでも、ついさっきまで重村さんに抱かれていた体はまだ火照りが続き、そして指をアソコに伸ばせば、まだ(もう?)グチュグチュと音がするほど濡れっぱなしになっています。

「まだできるんか」

「女は底なしよ」

うふふ、と笑って、彼女はベッドに仰向けになります。私はその上に覆い被さるようにして、さらに舌を絡める。そして胸を揉んで、乳首を吸って……。

「ああ、凄い、たまんない……」

「譲ともこんなことしてたんか」

「あの人ね、淡白なのよ。お義父さんの方が、何倍も、凄い」

「嬉しいことを言ってくれるねえ」

私は彼女の股間に顔を埋め、まだ三十路になったばかりの、どこか初々しさの残る裂け目をピチャピチャと舐め続けます。どこか苦いようなその部分は、いつでもたまらない味わいがするのです。

「ね。今度は、うちが上よ」

彼女は絶妙の舌の動きで、私をビンビンに勃たせると、その上から腰を沈めて、私の上にしっかり腰を据えました。陰毛がチクチクと、私の股間を刺激して、たまらない感触です。

「ね、好きなだけ、楽しませて」

そう言うと、彼女は、激しく体を前後左右に揺さぶります。

「素敵……たまらへん」

私は乳房をつかもうとして手を伸ばしますが、彼女の動きがあまりにも凄まじいので、つかむことができません。彼女はそんな私の動きを面白がるようにしながら、自分のペースで腰を揺さぶっています。

「いい、いい……」

私のペニスは、締め付けられ、彼女の体が揺れるたびに、様々な方向にねじられて、もう爆発してしまいそう。

「恭子、もう、いきそうや……」

「いいわ、来て、来て……」

「いく……」

私は腰を突き上げ、そのまま彼女の中に精液を注ぎこみます。それでも恭子は腰の動きをとめようともせず、いつまでも快感を追い求めて…。そのうち、私の股間には、再び力が宿ってきました。五十を過ぎて、こんな凄まじい快感の嵐に襲われることがあるとは、よもや思ってもいませんでした。しかも、その相手が、息子の嫁とは……。

「今度は、ワシが上や」

私は、彼女を仰向けにすると、正面から挿入して、ぐい、ぐい、と彼女の体を揺さぶり続けました。ああ、凄い、凄い、もっと、もっと……と、彼女の声はずっと叫び続けたので、もうかすれ気味。そのかすれ声が、またたまらなくセクシーで、私の興奮をさらに高めます。

「いく、いく……」

私は大きく叫んで、その日何度目かの精液を、彼女の中に思い切り注ぎこみました。

●私、自分から夢中になって、J君のペニスにむしゃぶりついてしまって……

プロフェッショナルが花咲かせてくれたマゾの性癖

【投稿者】森本環（仮名）／34歳／飲食店勤務

私は小さい頃から、ちょっと「変わった」子供でした。いえ、どちらかといえば「目立たない」子供だった、と言う方が当たっているような気がします。

学校では「いじめ」もあり、けっこう大きな問題になったりもしましたが、私はその被害に遭うことはありませんでした。

もちろん、とても恐ろしいことなので、自分から「いじめて欲しい」などとは、口が裂けても言えません。でも、実際の所、みんなに袋叩きにされている友達を見て（あれが私だったら……）と想像するだけで、ゾクゾクするような感じを覚えて、我ながらゾッとしたことを覚えています。

今にして思えば、あれは一種の性的快感だったのでしょうか……。

年月を経て、性的な経験を重ねるに連れて、私は、自分にマゾヒスティックな嗜好があることに気づいてきました。いたぶられること、いじめられることで、快感がどんどん増していくのです。

あれは、私が、21か22ぐらいの時だったと思います。当時、まだ大学に通っていた頃ですから……。

私には、同じ大学で知り合った彼氏がいて、ごく普通の付き合いをしていました。卒業後はけっこうな会社に勤めて、今では若いのに大層な出世をしているという噂を聞いています。彼と別れる、と決めた時は、友達からも随分心配されたものです。あんな素敵でイイ男は、二度と現れないかもしれないよ、とさんざん言われました。

それでも、私は、彼との関係に未練は一切ありませんでした。

その頃、私は、既に、自分の性癖に、それとなく気づいていました。何かの拍子に打たれたり、蹴られたり、あるいは首を絞められたりすると、セックスの快感が何倍にも深くなるのです。

もちろん、若くてやりたい盛りの年頃ですから、彼は遭うたびに私をベッドへと誘い……ました。ごく普通のセックス、もちろん彼にとってはそれだけで十分過ぎるほどの快感が得られていたはずです。

でも、私は、彼との行為に慣れれば慣れるほど、冷めていく自分自身を感じていました。結局のところ、彼はベッドではつまらない、ノーマルな男に過ぎなかったのです。私は、セックスのちょっとしたスパイスとして、インサートしてきた彼に「首を絞めて」と頼んだのです。

「え？　何？　今、何て言ったの」

彼は何が何だかわからないような顔をして私に尋ねました。

「ねえ、そうされると私、凄く、気持ちよくなるの。首を締めて」

彼は戸惑いながら、私の首に両方の手を伸ばしました。

「怖いなあ……」

彼がほんの少し、手に力を入れました。ちょっとだけ息が苦しくなって、でもそのかわり頭の中に虹がかかったような、何とも言えないイイ気分になって……。

「ひいっ……うわ……」

でも、その気持ちのいい時間は、彼のびっくりしたようなこんな悲鳴で終わってしまったのです。

「どうしたの……？」

「だ、だって……お前のアソコが急にクイって締まるから……」

「気持ちいいでしょう?」

「え……いや……うん……でも……」

彼がそんな風に戸惑う様子を見て、私、とても悲しくなってしまったのです。なんで、これっぽっちの冒険ができないいんだろう。ほかに誰がいるわけでもない、二人っきりのベッドの上なのに、もっともっと面白いことができるはずなのに、どうして?

そのまま腰をクイクイと動かし続け、いつものように「イク……」と呻いて射精した彼。私も、何もなかったように、ティシュを取って拭い、彼に体をぴったり押しつけて寝ようとしました。

それからも私達、普通に会ってはデートを重ねていましたが、それも惰性のようなもので、私にはだんだん物足りなくなってきていました。

そんなある日……。

サークルの合宿で、大学のセミナーハウスに出かけた私は、同じサークル仲間のJ君と「間違い」を犯してしまったのです。

夜遅く、仲間うち10人ほどでお酒を飲んでいたのですが、一人寝て、二人寝て、……結局最後まで残ったのが私達二人。アルコールの勢いで、J君に、彼のグチをこぼしたりしているうちに、彼の手が私の方に伸びてきて……。その日は、広いセミナーハウスの中に、泊まっていたのは私達のグループだけということもあり、部屋はいくらでもありました。

どことなくソフトな彼に比べて、体格もガッシリとしたワイルドな感じのＪ君は、セックスもいい意味で荒っぽかった。まあ、経験が浅いということもあったのかもしれませんが、ゴツゴツした毛むくじゃらの手で、まるで服を引きちぎられでもするかのように、乱暴に取り扱われると、しばらく忘れていたセックスの快感が甦ってきて。私、自分から夢中になって、Ｊ君のペニスにむしゃぶりついてしまって、……普段は彼にもそんなこと、絶対にしないのに。自分で自分があまりにも大胆になっていることに、驚いてしまった夜だったのです。

ペロペロ……彼の物をしゃぶっていると、本当に、心の底から、こんなセリフが浮かんで来ました。

「おいしい……」

その奥に潜む、底なしの官能の香りを感じたのか、Ｊ君は体をブルブルと震わせて、自分の分身を私にすべて預けてくれました。私は、それまで……フェラチオということ、どうすればいいのか、どんな風にしたら男の人は喜ぶのか、まったく知りませんでしたし、いわゆるＡＶのようなものも、ほとんど見たことがありませんでした。

でもその時、私には霊感のようなものが降りてきていました。どこをどうすればいいのか、どうしたらこの男が気持ちよくなるのか、そしてどうすれば男が私を気持ちよくさせてくれるのか……そんなことがすべて、頭の中のどこかでひとすじの道となって、私を天井知らずの快感へと導いてくれたのです。

ピクピク震えるＪ君のペニスを舌の上で転がし、軽く歯を立てると、「うぅ……」と目を閉じてその快感を味わうＪ君。目を白黒させて、イキそうになっているのがわかると、すっ……と力を抜いて、イカせてあげない。ちゃんとした彼氏が他にいるのに、盛り上がったサークルの合宿の夜の勢いにまかせ、いつもより大胆なセックスをしている自分に、私は驚かされていました。

「ねえ……そろそろ」

「入れたいの？」

「ああ……でも」

「何？」

「大丈夫？　濡れてる？」

「触ってみる？」

彼のゴツゴツした手で触れられると、もうそれだけで電流が走ったみたいになったのを覚えています。

「ビチョビチョだね……」

「イヤだわ……」

Ｊ君は迷わず私の腿をグイグイ押し拡げると、しとどに濡れたその真ん中に、さっきまで私の口の中で断末魔寸前の震えを見せていた、見事なサイズに育ったペニスをグイ！

やっぱり同じ人とばっかりだと、飽きちゃうのかな、私。そんなに、とりわけ、凄いテクニシャンって訳でもないＪ君なのに、その瞬間のゾクゾクするような快感といったら。そして入ってきた後も、もの凄く激しく腰を振って。何も考えていない、といえばそうなんだけど、でもただひたすら気持ちイイことしてる感じがして、とってもいいんです。

「あ……あ……」

って、思わず、とっておきの艶っぽい吐息まで出ちゃったりして……。

そして、私、J君にも言ってみました。

「ねえ……お願いがあるの……」

「なに？」

ひたすら腰を振りつつ、J君は私の問い掛けに応えました。

「首を絞めて……」

すると、J君の目の色が変わったような気がしました。

「そういう趣味があるんだ……」

J君は、彼と違って、そう一言呟いたかと思うと、私とつながったまま上体を前に倒してきて、首をがっしり掴むと、グググ……と少しずつ力を強めてきました。

「……あ……」

彼が絞めたときは、ほんの少しだけ見えた虹が、今は虹どころではなく頭の中すべてがカラフルになり、体中から快感が際限なく飛び出してくるような感じ。J君の腰をつかんでいる私の手も、J君のペニスを包んでいる私の膣も、すべてが「締まっていく」感じがして、行き場を失った体中の液体がそこら中から飛び出していくような、そしてどんどん気が遠くなっていって……。そしてJ君の呟きが聞こえたような気がしたのです。

「イク……」

どれくらい時間が過ぎたのか、いえ、ほんの一瞬の出来事だったことは間違いありませんが、私は気を失い……そしてそれまで味わったことのない、命懸けの快感を経験し……。

あと何秒か、J君が両腕に力を込めていたら、私はもうこの世にいなかったかもしれません。究極の快感に、私の膣はびっくりするほど収縮して、彼を締め付け、我慢しきれなくなったJ君が「イク……」の呟きと共に射精して……。そして首に込めていた手の力が緩んで、私は生還した……。

それでも私には「怖い」という気持ちはまったくなかったのです。これだけの快感が味わえたのだから、何にも悔いることはないって、そんな感じ。

気がついた時に最初に見えたのは、私が息を吹き返してホッとしているJ君の情けない姿。そして、内腿を伝わって落ちていく温かい精液の感触……。

J君とは、それっきり、体の関係はもうありませんでした。J君にも付き合ってる女の人がいたし、私にしてもあれは合宿という場だったからこそ起きたこと。それよりも、惰性で続いてた彼との関係を、きっぱりと断ち切るいいきっかけになった出来事でした。

私は、あのJ君に首を絞められ、失神した時に、セックス……それも「SM」と呼ばれるプレイの持つ凄まじいほどの魔力に取りつかれてしまったのです。

それでも……そういう筋のクラブとか、あるいは同好会とか、そんな組織に加わるほどの勇気は、なかなか湧いてきませんでした。


そんなある夜のこと。

私は、友人に誘われて、マジシャンの出演するバーに飲みに行きました。そのマジシャン……Tという男の人は、TVなどに出る機会はない、と話していましたが、本当に見事な腕前の持ち主で。選んだカードを当てるものから、ロープやリングを使ったダイナミックな技まで次から次へと披露してくれ、たっぷり楽しませてもらいました。

そして……彼は、どういうわけか私を一目見ると、「ちょっと協力してください」と、ロープを使ったマジックのモデルに私を指名して、見事な手つきで私をあっと言う間に縛り上げてしまったのです。

（あ……何……これ……）

別に、どうということはないのです。ただ座っている椅子に、ロープで軽く縛り付けられただけ。ただそれだけのことなのに、なんだか体に電流が走ったみたいになって。

その日は友人と一緒だったので、そのままおとなしく帰りましたが、あの電流が走った感じが忘れられなかった私は、翌日また一人でその同じバーに出かけていきました。

Tは、前の日と同じように私に近づいて、同じようにロープで私を縛って。でも、一つだけ違っていたのは、誰にも聞こえないように私の耳もとで囁いたこと。

（終わるまで飲んで待ってて……）

私は、そのまま、帰ろうと思えば帰ることもできたのでした。でも、結局、好奇心には勝てませんでした。

ショウが終わってしばらくすると、Tが客席に現れ、顔見知りらしい何人かに声をかけてから、私の隣に腰を下ろしました。

「毎日どうもありがとう」

「い、いえ……」

「ひと目でわかったよ」

「え？」

「君が縛られたくてウズウズしてるの……」

「そ、そんな……」

「フフフ……この後、時間あるの？」

「え、ええ……まあ……」

「俺ね、関西から来て、今月一杯こっちでショウやってて、ホテル暮らしなんだ。あまりもてなしもできないけど、よかったらちょっと遊びにおいでよ」

そして私は、……出会ってまだ二日目のその男の泊まっている部屋へと、ノコノコ出かけていったのです。

ベッドの脇の椅子に向かい合わせに座ると、Tは冷蔵庫から白ワインを取り出し、器用にコルクを抜き注いでくれました。そして「乾杯……」と、グラスを合せ、口に運びます。爽やかなブドウの香りが私の口に広がり、たちまちリラックス。

「ねえ、君さ……Mなんでしょ？」

「……ええ。たぶん、そうです」

「たぶん……ってことは、ちゃんとそういうプレイを楽しんだことはないの？」

「……今まで、そういう相手に巡り会えなかったんです」

「そうか……結構多いんだよね、君みたいな人って。ちょっと、縛られてみる？」

「……ぜひ、お願いします」

Tは、意地悪そうに目を光らせてロープを取り出し、私の傍らに立つと、それを2、3回しごいて、そして、あっと言う間に、私を椅子に、身動き一つできないように固く、固く、縛り上げてしまったのです。

「あ……」

どうやっても体の自由がきかない。私はその事情に半ば興奮し、半ば恐怖を覚え、そして体の感覚が研ぎ澄まされ、どんな刺激にも敏感に反応し始めていました。

「いい感じだ……じゃあ、これはどうかな」

Tは、後ろ手に縛られて動けない私のブラウスのボタンを外し、そしてブラジャーも器用に外すと、露出した乳首をマジックの小道具の羽根でツンツン……と突くのです。

「あン……」

Tは面白そうに笑います。

「これだけで、こんなに感じるとは、凄いな君は。すると、もう、こっちも……」

今度はスカートの中、軽く開いた脚の真ん中に指を伸ばしてきました。ショーツとストッキング越しに触られただけでも……。

「ふふふ、なるほど、もうびしょ濡れか」

「イヤだ……」

「もっと恥ずかしがるんだね、もうどんなに泣いてもここからは帰れないよ」

Tは器用にベッドの上に乗り、ちょうど私の顔の高さに自分の股間を持ってくると、中からペニスを取り出して、私の顔の前に突き出しました。

「ほら、ご馳走だよ……お食べ」

手も使えず、顔を動かすこともほとんどできず、ただ唇と、舌と、歯が動かせるだけ……。そんな状況の中で、私は文字通り、雌犬のように、差し出されたその極上の肉塊に飛びつきました。ぴちゃぴちゃ……と、なるべくいやらしい音を立てながらそれを弄ぶと、どんどん硬く、大きくなっていきます。そして、男特有の、饐えたような匂いも……。

「ふう……上手だな。じゃあ、これはどうだ」

Tは今度は私の頭を強くつかみ、口の中に無理矢理ペニスを押し込むと、グイグイ頭を揺さぶってきました。途端に息が苦しくなり、唾液が溢れて、気管に入ってゴホゴホとむせてしまうのですが、Tはまったくお構いなしに責めたててきます。あの、セミナーハウスで、J君に首を絞められた時のような七色の感覚が甦ってきました。

Tは私が窒息する寸前にペニスを引き抜き、満足そうな表情を浮かべると、いったん私のロープをほどき、今度はベッドに寝かせると、両手両脚をベッドの四隅に器用に結びつけて、剥き出しになった私のアソコを眺めながらニヤニヤと笑いました。

「男が触ったわけでもないのに、もうこんなに濡れてるよ。見せてやれないのが残念だけど。ホントにお前は犬だな。いや、豚だ。どんな仕打ちをされても文句の言えない豚だ」

Tはトランクからヴァイブレーターを取り出すと、スイッチを入れ、私のアソコにグイグイと押し入れてきました。遠慮会釈なくのたうち回る機械の感触に、私は我を忘れて絶叫するばかり。

「ああ……！　助けて……！」

息苦しさから生まれるのとは、また別の苦痛が私を襲い、そしてまた別の快感が後から後から湧き上がってきます。身動きができないことが、こんなに苦しいなんて……。今すぐにでもこのロープをほどいてほしい、そして私を自由の身にしてほしい。そう思う私と、ずっとこのままでいたい、ずっとこのままで縛られたままで、死ぬまで快感を味わい続けたいという私と……。

「イク、いっちゃう……」

グイ、と強くヴァイブを突き立てられた瞬間、それまでの人生で感じたこともないくらいの衝撃的な快感が背筋を走り抜け、私はしばらくの間、失神してしまいました。するとTは、満足そうに私の脚の方だけロープをほどくと、両腿を脇に抱えて、今度は自分のペニスを真っすぐに私の中に突き立ててきたのです。

身動きできない状態で、男に貫かれるということが、こんなにも屈辱的で……そしてこんなにも快感が大きいなんて。いえ、こうして犯されることが、きっとおそらくどんなセックスよりも気持ちいいだろうという予感は、ずっと私の中にあったことは事実です。

でも、それが、これほどまでに、凄まじい感覚だったとは……。

Tが腰をグイ、と動かし、奥まで貫かれるたびに、私は一瞬、気を失ったようになり、そして再び息を吹き返す……という繰り返し。一回ごとに快感がさらに大きくなっていくように思えるのも驚きでした。そんな私が、こう叫んだのも、お分かり頂けると思います。

「もうダメ……死んじゃう、死んじゃう！」

「死んじゃえ！」

Tは自分も興奮の極に達して、一声叫んだかと思うと「うっ……」と腰を深く、深く沈めました。ドピュ、と音が聞こえたような気がして、私の膣の中が精液で後から後から満たされていきます。

「あ……あ……」

手を縛られた私は、どうすることもできずに、彼が満足するまで、その体重を全身で受け止めているしかありませんでした。体の節々が痛みます。でも私は、長年待ち続けた官能の新しい扉が開かれたことで、そんな痛みはまったく気になりませんでした。今、Tが目の前にもう一度ペニスを差し出したら、喜んで舌を伸ばしていると思います……。

●ほら、お上品ぶってないで、ちゃんとしゃぶってくださいよ、奥さん……

悪徳プロデューサーの猥褻非道な人妻調教術

【投稿者】宮田幸太郎(仮名)／49歳／映像制作会社勤務

私は、とあるテレビ局でプロデューサーをやっています。といっても、花形のドラマ部門ではなく、ワイドショーのプロデューサーなので、こまごまとした仕事ばかりが多く、言ってみれば雑用係。いろいろ役得も多いでしょう……と言われることもありますが、実際はたいしたことありません。

それでも、一つだけ、楽しみなことがあるといえば、あります。まあ、この楽しみがあるから、ワイドショーでもやっていられるのですが……。

それは、仕出しの主婦を、つまみ食いできること。ご存じのように、ワイドショーにはスタジオの後ろで笑う主婦の存在が欠かせないのです。もちろん、皆さんもご存じのように、その90％は、あまり親密になりたくないようなタイプの方々なのですが、それでもごくまれに、ちょっと食べてみたいな……と思わされる女性が混じっているものなのです。

そして、こういう所に来る主婦というのは、ほぼ全員がミーハー（たまには友達に誘われて、人数合わせのために仕方なく来た……なんて人も混じっていますが）なので、有名人の名前を出して、「会わせてあげるから、この後、付き合わない？」なんて声をかければ、ほぼ100%の確率で試食できます。ただ、あまり頻繁にやっていると、いろいろ問題が起きるので、本当に気に入った奥さんにしか、声をかけないようにしています。

このワイドショーの担当になって、今年で3年目。その間に、味見させてもらった主婦は、全部で15人ほどでしょうか。なるべく後を引かないように、一人とセックスするのは一度だけと決めているのですが、先日出会った主婦……仮にTさんとしておきましょうか……彼女は、あまりに上玉だったので、ついその原則を破ってしまいました。今日は、そのTさんの話をしたいと思います。

Tさんは、私がプロデューサーとして現場に立ち会った中でも、間違いなくナンバーワンの美しい素人でした。ひな壇の一番奥に、ひっそりと座っていましたが、本当に美しい人というのは、どこにいても目立つもの。いま人気絶頂の女優を（誰とは言いませんが）もう少しふくよかにしたような感じの彼女は、明らかに周りの主婦たちの中で、光っていたのです。

私は、その日の本番が終わるとすぐ、彼女に声をかけました。エサは、大物俳優Mの名前です。

「あの……ちょっとよろしいですか？」

「私ですか？」

声もソプラノ、私好み。早くベッドで鳴かせてみたい。しかし、急いては事を仕損じます。ここはじっくり、責めなくては……。私はまず自分の身分を明かし、そして作戦に取りかかりました。

「ええ。あの、俳優のMさん、ご存じですよね？」

「はい……私、大ファンです」

「そりゃよかった。そのMさんが、今度、うちでスペシャルのトークショーをやることになったんですよ」

「はあ……」

「それでね、彼、ワイドショーみたいに、後ろにお客さんを並べたいって、言い出しましてね。ただ、普通の仕出しじゃイヤだ、ゴージャスな感じにしたいって。どうも、ああいう人種は、ワガママで困りますよ」

「ええ……」

「それで私が、毎日こうしてスタジオにいらしてくださる方の中から、候補を選んでいるわけなんですが……あの、失礼ですが、お名前は？」

「藤木です」

「藤木さん。下のお名前は？」

「百合……」

「いい名前ですね。うん、藤木さん、そう、今日いらした方の中では、あなたが飛び抜けてお美しかったので、それで声をかけさせていただきました。よろしかったら、Mのスペシャルに、出てみませんか？」

「うれしいわ、ぜひ」

「ありがとう、よかった。それでね、一つだけお願いがあるんですが」

「なんでしょう？」

「Mがね、仕出しも全員、自分が会ってオーディションするって言うんですよ」

「ご本人と……お話ができるんですか？」

「ええ。それでね、来週の火曜の午後、新宿のKホテルまでいらしていただけないでしょうか」

「わかりました、時間は？」

「スケジュール、大丈夫ですか？」

「ヒマなんです、私。主人は出張ばかりであまり家にいないし、子供もいないので……。パートで働くのもつまらないし、こういうテレビのお仕事なら、少しは楽しいかと思って。実は今日が初めてだったんです」

「そりゃよかった。じゃあ、午後2時にいらしてください。部屋を取っておきます。携帯の番号を教えていただけますか？」

「はい。090の……」

話はとんとん拍子に進み、彼女はノコノコとホテルにやってくることになりました。そこにどんな蜘蛛の巣が張られているかも知らずに……。

Mのトークショーの話は、真実でした。本人がワイドショーみたいに、後ろに「オバサンを並べたい」と言ったのも、本当。ただしオーディションなんてのは、もちろん作り話。あの売れっ子俳優が、わざわざ仕出しの主婦を面接して選ぶなんてまどろっこしいことをするわけがありません。

ところが、不思議なことに、この手の話にシロウトさんはよく引っかかってくれるんです。そこが、芸能界の持つマジックというものなんでしょう。


火曜日、午後2時。

時間きっかりに、部屋のドアがノックされました。姿を現した藤木さんは、Mに会えると思っていますから、上から下まで完璧にドレスアップしていて、最初に会ったときよりも、一段も二段も上の美しさ。ファッションセンスも抜群で、そこはかとないセレブ感も漂っています。

「こんにちは」

「いらっしゃい、お待ちしてました。さあ、どうぞ、中へ……」

「あの、Mさんは?」

「ちょっと遅れるって連絡がありました。あ……待ってください、電話だ」

私は、ブルブルと震える携帯電話を手にとりました。なんのことはない、この時間に鳴るように、アラームを設定しておいただけなのですが……。

「宮田です。Mさん？　どうしたの？　もう見えてますよ……え？　ありゃ、そうなんだ……困ったねえ……わかりました。ルームサービスで？　ええ、そうします。大丈夫です。はいはい、じゃあ、お疲れさま」

藤木さんは、不安そうな表情を浮かべています。

「Mさん、どうかなさったんですか」

「うん、あのねえ、撮影が押しちゃって、来られなくなっちゃったみたい」

「ええ～……そうなんですか」

「わざわざ来てもらったのに申し訳ないって。ルームサービスで、ワインと食事でも楽しんでもらってくれと。お時間、大丈夫ですよね？」

「……はい、今日は主人も帰って来ませんし。実を言うと、Mさんに会えると思うとドキドキしちゃって、お昼食べないで来たんです」

「それはよかった。それと……」

「はい？」

「本番に採用するかどうか、私に任せるとおっしゃってました」

私達は、高層ホテルの窓からの眺めを楽しみながら、ワインを飲みました。芸能界の噂話に目を輝かせる彼女は、本当に美しく、ふくよかに盛り上がった胸も、実においしそうです。

「イケるくちなんですね」

「そうね、ワインは好きです。実は、主人が飲めないもので……」

「そうですか、それはつまらないですね」

「そうなんです。学生時代からの付き合いで、なんとなく結婚しちゃったんだけど」

「いかがですか、もう一本……」

「そうですねえ……でもなんか悪いわ」

「いいんですよ、会計はM持ちですから。赤ですか、白？」

「そうね、赤がいいかなあ……」

2本目のワインが空になる頃には、藤木さんはかなり酔いが回っていい感じ。私はさりげなく彼女の手を握ります。

「百合さん……」

「あ、あの……なんですか……」

「芸能界がどんなところだか、あなたも知ってるよね」

「え？」

「ホテルでオーディションをするってことは……こういうことなんだよ」

私は彼女のスカートの中に手を伸ばしました。アルコールで温かくなった太腿は、適度に脂もノッて、たまらなく魅力的です。私は、ぴっちりと閉じたその脚の上を撫で回しながら言いました。

「Mに会いたいだろう？」

「私……こういうことする女じゃないのよ……」

溜め息をつきながら彼女が囁きました。

「会わせてやるよ、Mに……」

太腿に込められていた力が少しずつ弱まって、私は彼女の敏感な部分に触れることができました。ぴくり……と体が震えて、「あ……」という声が思わずその小さな口から洩れると、私の股間もどんどん硬くなっていきます。

私は、我慢できなくなって、彼女をベッドに押し倒しました。

「お願い、優しくして……」

そう言われると、逆に乱暴にしたくなるのが、私の悪いところ。無理やりスーツをはぎ取ると、中から高級なデザインのブラジャーとショーツが飛び出しました。

「上等な下着じゃないか、ずいぶん……。あんただって、もしかしたらMと……なんて下心を持ってたんじゃないの？」

彼女は私を見ようとせず、唇を噛んでいます。私は、その唇を無理にこじ開けると、ズボンのファスナーを外し、怒張したモノを取り出して、中にグイ……と突っ込みました。

いきなり肉棒を押し込まれ、藤木さんの目には涙が浮かんでいます。その涙が、私の征服本能をさらに燃え立たせました。

「ほら、お上品ぶってないで、ちゃんとしゃぶってくださいよ、奥さん……。いつも旦那にしてるみたいにね。もうここまで来たら後戻りはできないよ、気持ちを切り替えてのんびり楽しもうじゃないか」

私はベッドの頭板に枕を置いてよりかかり、藤木さんはその前にひざまずくような格好でフェラチオを始めました。もちろん、ごく普通の家庭の主婦ですから、決して驚くようなテクニックを持っているわけではありません。ずっと同じように、ぴちゃぴちゃ……と舌を動かしているだけ。でも、その素人くさいフェラが、実は私の好みなのです。

私は、時折、嫌がる彼女の頭を押さえつけては、携帯電話で何枚も写真を撮りました。そしてひとしきり楽しみ終わると、今度は彼女を責めにかかったのです。

ブラを外すと、中からは豊満な二つの膨らみが勢いよく飛び出してきました。私はまず左側の乳房をわしづかみにして、乳首をチュウチュウと吸います。最初は平たかった乳首の真ん中が、だんだん硬く、コリコリと盛り上がってきます。歯を立ててみると「痛い……」と囁く彼女の声。

それからショーツを脱がせます。陰毛はやや薄め、そしてマグマのようにパックリと割れたその部分は、真紅の薔薇のように、神秘的な色合いで私を誘っています。

鼻を近づけて匂いを嗅いでみると、なんともいえないナチュラルチーズの香り。舌を伸ばし、ペロリ……と一舐め。

「あ……ン……」

どうやら、クンニリングスが好きらしいと見て取った私は、飽きることなくそこをペロペロ……と舐めました。すぐにジュースが溢れてきて、私の顔はビショビショに。

「あン……あン……」

もはや彼女を支配しているのは、犯されている屈辱よりも、クンニの快感でした。

「お願い……やめて……ううん……やめないで……ああ、素敵……」

それから私は、仰向けになって、その上に彼女をまたがらせようとしました。騎乗位で結合し、揺れる女の胸を見るのが、私はたまらなく好きなのです。

彼女は、私をまたいで立つと、両膝を曲げてしゃがみ、私のペニスを握って、そろそろ……と腰を下ろしていきます。私は、女性がこのはしたないポーズを取るところも、好きでした。どんなに高慢な女であろうと、セレブであろうと、貧乏な学生であろうと、騎乗位でまたがる寸前の女性は、はしたないもの。もちろん、慎み深い家庭の主婦であろうと、同じことです。

藤木さんは、びしょびしょに濡れて、パックリと割れたその部分を自分の指で大きく押し広げると、少しずつ私の上に降りてきて、そして上を向いたペニスをその中にゆっくりと納めました。

そして、奥までしっかり挿入すると、おずおずと体を動かし始めたのです。

思ったとおり、彼女のバストの揺れる様子は最高の見ものでした。

「ああ……いいわ……」

髪を振り乱し、体をのけぞらせ、私の突き上げに身悶える彼女は、まるでケダモノのよう。

「いいわ……もっと……もっと……」

私は枕の下から携帯電話を取り出すと、さらに写真を撮りました。カシャ、カシャという シャッター音が響くたびに、彼女は悶え、そしてアソコが締まるのです。

「今度は、俺が上に……」

すると彼女は、自分から大きく脚を開いて私を迎え入れる準備をします。出張がちな旦那のせいで、欲求不満だったところがあるのかもしれません。シティホテルの眺めのいいベッドルーム、そして高級なワインといったお膳立てのせいで、すっかりHモードに入ってしまったということもあるでしょう。

私は正面から彼女に挿入し、体を前後に激しく揺さぶりました。

「いいわ、いいわ……」

泣き叫ぶ彼女の姿を、今度はムービーに納めてます。

「いっちゃう……」

彼女が大きくのけぞって、ハメていたペニスが抜け落ちそうになったので私もあわてて肩をつかんで、しっかり挿入し、そしてフィニッシュへ。

「ああ、もうダメ……イク……」

「俺も、行くよ……」

「あああ！」

私がコンドームの中に射精すると、彼女はまた大きく身悶えして、体を弓なりにのけぞらせました。ピクピク……と膣が細かく動いて、私のペニスを締め付けました。


そして、一週間後。

私は彼女の携帯にメールを入れました。

「M　スペシャルトークショー　収録　○月○日14時　局にお越しください」

そして、先日ホテルで撮った写真を1枚添えて……。

彼女から来た返事は「何が言いたいの?」。そこで私はこう書きました。「打ち合わせをしましょう。明日14時、歌舞伎町のホテルJで……」

翌日、彼女は時間通りに現れました。場所は歌舞伎町の一角にある、お世辞にもきれいとはいえない昔風のラブホテル。こういう薄汚れた場所で、いい女を抱くのも、また趣きがあっていいものです。

「どういうつもりなんですか……？」

「いえ、あんな写真をもしご主人が見たら、どうなのかな、と、ふと思いましてね」

「あなた、私を……」

「別に強請るつもりはありません。これからも、いいお付き合いができればな、と思っているだけで。あなただって、ほら、こんなに感じている」

私は携帯電話を開いて、ムービーがとらえた彼女の痴態を見せつけました。

「イヤだ、やめて……」

「テレビに出られて、好きな有名人に会えて、そのうえこんなに女の喜びも感じることができる。言うことなしでしょう」

「イヤ……」

しかし、彼女にはもう選択の余地は残されていません。私は、彼女を全裸にさせて懐かしい身体をじっくり鑑賞すると、持参したロープを取り出して、ギリギリと美しく縛り上げました。

そして、ぱっくりと剥き出しになった裂け目に、バイブレーターをあてがったのです。スイッチが入ると、彼女は目をシロクロさせてヨガり始めました。玩具で遊ぶのは、彼女にとって生まれて初めての体験だったようなのです。

「やめて……お願い……」

性的な快感を覚えているのに、手足の自由を奪われていると、その快感はさらに強くなっていくもの。ジュースがどんどん流れ出してきて、ベッドに大きなシミが広がっていきます。

「凄い……こんなの……ああ」

「一度この快感を覚えると、もう後戻りできませんよ、奥さん……」

次に私は洗濯バサミを取り出して、大きく剥き出しになった乳房に一つ、二つ……と取り付けていきました。肉をギュッ……と挟むたびに彼女は「痛い」と悶え、そしてさらにアソコがビショビショになっていきます。

私は顔を近づけて、先日と同じようにピチャピチャと舐めまくりました。縛られていることで彼女の感覚はさらに強くなり、ちょっとした刺激でも敏感に感じ取るまでになっています。クリトリスに、ほんの少しでも触れようものなら、もうすぐにイッてしまうのではと思えるほど。

私は、彼女を縛ったまま、正面からインサートしました。思ったとおり、クイクイと締め付けてくる感覚は、前回よりも確実に強くなっています。

「あ……いいわ……いいわ……」

百戦錬磨の私が、簡単にイカされそうになってしまうほど、キツい締め付け、そしてどこまでも甘いソプラノの喘ぎ。私が童貞だったとしたら、この声を聴くだけで、ペニスに触れずに射精できるでしょう。

「いい……いい……」

この間は、あまり自分から腰を使うようなこともなかった藤木さんが、積極的に腰を振り、私にまとわりついてくるようになっています。

「あ……もっと……お願い……」

頃合いを見て、ロープを解くと、彼女はあぐらをかいて座っている私に、正面から向かい合って挿入し、そしてぐいっと私の体を抱きしめてきました。大きな乳房が胸に押しつけられて、私は心行くまで極上の肉布団の感触を味わったのです。

●激しさはまったくないのに、ムダのない動きで、一番感じちゃう場所を責めてくる

火遊びの代償は、姑から受けるペニバン責めの嵐

【投稿者】河本みどり（仮名）／30歳／専業主婦

結婚して5年になる主婦です。夫は地元の学校で教員をしています。私も彼と同じ学校に勤めていて恋に落ち、退職して家庭に入ったというわけ。

付き合っていた頃は、彼もすごく積極的で、学校帰りに人目を気にしながらモーテルに出かけた、なんてこともしょっちゅうでしたが、結婚後はやはり仕事が忙しいので、Hの回数も減るし、なんとなくおざなりに。

さらに、2年前から彼の母と同居を始めてからは、ほとんどセックスレスに近いような状態になってしまったのです。たまに彼がソノ気になっても、そんな時に限って姑がゴソゴソ動いている音が聞こえたりして。

でも……誤解しないでほしいのですが、私、セックスは決して嫌いじゃありません。どちらかといえば、好きな方だと思います。こんな文章を書いていても、自分のアソコがジワジワと熱くなってきて、少しずつ湿り気を帯びていくのがわかるくらいです

から……。

出会い系方面に詳しい友達にいろいろ教えてもらって、時々見知らぬ男の人とホテルに出かけたりするようになりました。

その日、デートすることになった相手は、私より一つ年下の営業マン。

この遊びを始めたころは、いろいろ用心して、ホテルに入るときもあたりをよく見回してから入ったりとかしてたんですけど、もう最近では慣れてしまったので、昼間から堂々と顔も隠さずに出入りするようになっていました。

部屋に入ると、彼はさっそく私を強く抱き締め、熱いキスの嵐。ちょっぴり伸び加減のヒゲがチクチクして痛いけど、口から飛び出てくる舌の動きはとても心地よくて……

私も彼の背中に手を這わせて、逞しく盛り上がった筋肉の感触を楽しみながら、舌を絡ませていったのです。

「シャワー、一緒に浴びてもいいかな？」

「ふふふ……いいわよ」

私は彼の背広を脱がせ、ハンガーにかけると、彼も私の服を脱がせて、同じように皺にならないようにかけてくれました。こんな心遣いができるのが、いかにも遊び慣れてる感じで、心地よくて……。

私達は微笑みを交わしながら、紫でコーディネイトされたバスルームへと足を踏み入れました。熱いシャワーを浴びながら、もう一度舌を絡ませて……。それから私は自然に、彼の下半身にかがみこんで、揺れている大きなモノをパクッと口にくわえました。

「あ……奥さん」

「みどり、って呼んで」

「みどりさん……気持ちいいです」

「そう？　よかった……」

シャワーを浴びながら、こうして男の人のモノをすぐ咥えてしまうのは、もちろんこの行為が好きだから……ってこともあるんですけど、もうひとつは、結婚してからかなり時間も経っていて、自分のプロポーションに自信が持てなくなってきているからでもありました。こうしてしゃがみこんでしまえば、じっくりボディを観察されずに済むという、そんなコンプレックスもあったかも。

彼のモノはすぐに元気に、大きくなって、私の口いっぱいに広がります。私は舌を動かしながら、その感触を十分楽しみます。私がフェラチオが好きなのは、こうして男の人のピクピクする動きを舌で味わうのがとても楽しいし、そのことを相手も満足してくれるから……。

夫にも打ち明けたことはありませんでしたが、私、中学校で教師をしていた時、授業中によく逞しい教え子のペニスをしゃぶってみたいという衝動にかられていたことがあったのです。一歩間違えると本当に、アダルトビデオに出てくるみたいな女教師になっていたかもしれません。

ひとしきりしゃぶって満足すると、今度は相手が私の股間に指を伸ばしてきました。上からは熱いシャワーが際限なく落ちてきて、下からはゴツゴツした男の指が私の中をゆっくり、ゆっくり動いて……。

ペニスをインサートされるのも好きだけど、こうして指でゆっくり愛撫されるのもたまらない。上手な人に中に指を入れられると、ホントにソレだけでイカされちゃうこともよくあるんです。内側に「ツボ」みたいなところがあって、そこを責められると、なんだか腰が抜けちゃうみたいになって。

この人もとっても上手。やっぱり、一度しかしない相手だから、できれば上手な方が楽しい。上手に感じさせてくれると、私も一生懸命、相手を感じさせてあげようっていう気になるし。

「あ……」

「ここ、いいの？」

「うん……」

私がぴくぴくって震えたのが、彼の指に伝わったみたい。彼はソコを集中的に責めてくるから、私、もう、ぐしょぐしょ……。

「ねえ、もう……ベッドに……」

私、彼におねだりしちゃった。そしたら彼は、ニッコリ笑って、「いいよ」って。

さっきは下から突き上げられる感じだったけど、今度は横からスーッと、水平な快感が。おまけに、頭も近づけてきて、クリトリスを舌の先でペロペロ舐めてくれるから、もうたまらない……。

「ああ……イッ」

こんな開放的な感じは、あの姑のいる家の中ではゼッタイに味わえない。夫は、結婚してるのにラブホに行くなんてムダだっていうんです。わかってないなあ。

男の唇と、舌と、ちょっぴりチクチクする口の周りと、そして変幻自在に動き回る指とが、私の一番感じる部分、体の真ん中を動き回って、私は夢心地。

トントントン……と、内側に曲げた指がそのヒミツのスイッチに触れたとき、私、全身から力が抜けてしまって……スーッと、どこまでも落ちていくみたいな感じになって。

「すごい、みどりさん、グショグショ……」

男の顔が離れ、手の動きが一層激しくなると、私、自分でも「潮吹き」してるのがわかったんです。そして、その直後にはなんとも気だるい気分が訪れて……。

男がいったん、私の体から離れると、私の下半身は勝手に上下に動き、ケイレンしていた。自分でもすぐには、どうやっても動きを止めることはできないくらい。

私のイキっぷりを目の当たりにしてますますペニスが硬く熱くなっていた男が、私のヒザを乱暴に押し開き、それを中にグイグイ……と押し入れてきた。

「そんな乱暴にしちゃイヤ……」

なんでこんな、思っているのと反対のセリフが出ちゃうんだろう、女って。ウソウソ、もっと乱暴にして、もっと思い切り突いて、突いて、突きまくって……！

「あ、あ、イク……」

「いい、来て、もっと、突いて、ああ！」

こういう充実したセックスって、絶対女をきれいにする力があるし、私の気分もよくなるから、夫にも姑にもプラスになることだと思う。もっと大っぴらにできたらラクでいいのに……そんなことを考えながら、私は家に戻りました。

「お母さま、只今戻りました」

自室で花を活けていた姑に声をかけ、リビングに行こうとすると、私は呼び止められました。

「みどりさん、ちょっとお話があるんだけど、いいかしら？」

「はい……」

何だろう、と不思議に思って、部屋に入ると、びっくりするようなセリフが、彼女の口から飛び出したのです。

「あなた、今日、渋谷にいたでしょ」

「え？　……は、はあ……」

「あの、何ていったかしら、百軒店の裏から階段を上っていったあたり。あのへん」

ヤバい……。もしかして、この人、私が男とホテルに入るのを見ていたのでは……。

私が黙ってしまったのを見ると、意外にも姑はニッコリと微笑んで、

「あなたも大変ね。うちの息子、けっこう鈍感な所があるから……息抜きをしたくなることもあるわよね」

姑は正座したまま、剣山に花を突き刺していきます。

「でも……ねえ。私の口から、息子に、あなたが今日、男の腕にぶら下がるみたいにして、渋谷のホテル街を歩いていた……なんてことは、あまり言いたくないのよね」

「お母さん……」

「いいのよ、何も言わなくて。そのかわり、ちょっと、付き合っていただくわ」

そう言うと、姑は私の胸に手を伸ばしてきました。

「かわいらしい胸……こんなの、うちの息子にはもったいないわよね」

「お母さん、な、何を……」

「あなた、レズビアンの経験はないの？」

「え？」

「初めてなのね……」

姑は私の隣に座って、私のブラウスのボタンを開くと、中に指を伸ばしてきました。

ブラが外され、乳首を摘まれて……。

「熱い……まだ、男の熱さが残ってるみたい。こっちはどうかしら……」

次に姑は、スカートの中に手を伸ばしてきて、あの部分を触り始めました。

「いやだ、まだ濡れてるじゃないの」

そう言いながら、その指がゆっくり、ゆっくり動き始めました。

「あ……え……？」

さっきは商社マンの指テクにいい気持ちにさせられたけど、この姑の指の動きはまた全然違います。激しさはまったくないのに、ムダのない動きで、一番感じちゃう場所を責めてくる感じって言えばいいのかな……。

「いいのよ、ヒザを崩してちょうだい。楽にして……」

楽にして、とは言うものの、私の心はまったく楽にはなりません。

「お母さん、すみません、私、謝りますからこんなことやめてください……お願い」

私は懇願しました。もう見られたものはしかたがない、もしかしたら慰謝料を取られて離婚させられるかもしれないけど、それでもいいと思ったんです。

でも姑は聞く耳を持ちません。

「あなたには選択の自由はないのよ。私がやりたいようにやるだけ」

私はいつの間にか全裸にされ、和室に並べた座布団の上で股を広げられ、こちらも裸になった義理の母の指でねっとりと感じさせられ続けていました。

「ああ……イク……もうダメ……お母さん、カンベンしてください」

「ダメよ……まだまだ……」

女性だけに、私の感じるポイントを探り当てるのが本当に上手。男だったら、もうインサートして、射精しちゃえば、こっちも一息つけるのですが、相手が女性だとそうはいきません。際限なく快感の波が押し寄せてきて、私、もうクラクラと眩暈がするくらいにまでなっているのに、姑はまったく手加減してくれないのです。

「ほうら、こんなこともできるのよ」

姑は次に、どこからか腰に回すバンドのようなものを取り出してきました。その真ん中には、男の人のアレを形どった部品がくっついているのです。

姑はそれを自分の腰に締めました。するとまるで、男の人が勃起したみたいな感じになるのです。女性のシルエットなのに、アソコだけは男……。

私は、心では一刻も早くこんな所から逃げ出したいと思っているのに、体は生まれて初めて味わうスコールのような快感の嵐になすすべもなく、ダラリと股を開いて姑にされるままになっているだけ。

「さあ、行くわよ……」

姑は、私の右脚を持って抱え、大きく開いた花びらの真ん中を目がけて、そのペニスのようなものをググ……と押し込んできました。

「あ……」

ほんの2時間前に、生の男根が跳ね回っていた同じ場所に、ゴムでできたもっと硬くて萎えることを知らないハードなモノが埋め込まれました。私はもう、息をするのが精一杯という感じ。

「あ、ダメ……お母さん……」

「まだまだ……」

姑はどうやら、こうして自分の力で私を押えつけ、私が快感にズブズブになってどうしようもなくなっていくのを見ることが、何より楽しいようでした。

「イク……イク……」

まるでジェットコースターに乗っているみたいに、空高く持ち上げられたり、水の中に急降下したり……男とのセックスだったら、向こうも私に合わせてくれて、私がイク時に向こうも終わったりするのに、このタフな姑は私を全然許してくれません。まるでエンドレスなジェットコースターに乗ったみたい。

「お母さま、許して……ああ」

「ダメよ……」

私が気を失いそうになると、姑は自分の体を折り曲げて、私の乳首をコリコリ……と噛んでくるのです。

「イタい……」

そんな痛みも、いつの間にか快感に溶け込んでいくからたまりません。

「もうダメ、もう……」

さすがに姑も、腰をクイクイ……と動かし続けるのに疲れたのか、私がそれまでにない大きなヨガリ声をあげてのけぞった瞬間に私から離れていきました。

ランチタイムはタフな男に2時間、そして午後は果てることを知らない姑に2時間以上も遊ばれて、すべてが終わった後は目の前が真っ白……。その日は、さすがに夕食の支度をすることなどできず、なんだかパワーのつくものが食べたくなって、鰻をとりました。

「どうしたんだ、珍しいな、店屋物なんて」

「ちょっと私がみどりさんと遊んじゃったから。でも楽しかったわね。またゆっくり、遊びましょうね……」

「ええ……」

私の微笑が凍りついていたのに、夫は気づいていたでしょうか？

不倫手記
欲求不満妻の潮吹き性癖告白

２０２１年8月３０日　初版第一刷発行

発行人　後藤明信
発行所　株式会社　竹書房
〒102-0075　東京都千代田区三番町8-1
三番町東急ビル6Ｆ
Email: info@takeshobo.co.jp
ホームページ：http://www.takeshobo.co.jp
印刷所　中央精版印刷株式会社
デザイン　森川太郎
本文組版　有限会社　マガジンオフィス